CBA联赛电视转播
宏观体制与信号制作过程研究

信光杰 著

中国出版集团 东方出版中心

图书在版编目（CIP）数据

CBA联赛电视转播宏观体制与信号制作过程研究 / 信
光杰著. －上海：东方出版中心, 2020.6
ISBN 978-7-5473-1598-9

Ⅰ. ①C… Ⅱ. ①信… Ⅲ. ①男子项目－篮球运动－
电视节目－电视转播－视频信号－制作－研究－中国
Ⅳ. ①G222.3 ②TN941

中国版本图书馆CIP数据核字（2019）第301550号

CBA联赛电视转播宏观体制与信号制作过程研究

著　　者　信光杰
责任编辑　江彦懿　马晓俊
封面设计　陈绿竞

出版发行　东方出版中心
地　　址　上海市仙霞路345号
邮政编码　200336
电　　话　021－62417400
印 刷 者　北京建宏印刷有限公司

开　　本　890mm×1240mm　1/32
印　　张　8
字　　数　143千字
版　　次　2020年6月第1版
印　　次　2020年6月第1次印刷
定　　价　60.00元

目　录

1 前言

1.1 研究背景与选题依据

早在 20 世纪 60 年代中期,德国著名社会学家林格斯把电视媒介的发明与原子能、宇宙空间技术的发明并称为"人类历史上具有划时代意义的三件大事"。[1] 近五十年社会发展历程证明,电视的出现大大地改变了人类的生产、生活面貌。

职业体育是与社会高度相关的体育赛事,它的生存发展取决于社会的认可程度,因此它必须借助媒介的力量把其精湛的技艺、激烈的竞争、充满悬念的结果展现在世人面前。在这方面,电视对职业体育发展的推动作用无疑是不可替代的。著名媒介研究大师麦克卢汉说过:"媒介是人体器官的延伸。诞生于 20 世纪初的电视,作为一种声画兼备,而且能够远距离即时传授的媒体,无疑让人类的视听感受得到了极大的延伸。"[2] 研究表明,电视直播节目能够通过电波或者电缆以每秒近三十万公里的速度向受众传达现场信息,其覆盖范围和影响力与以往相比不可同日而语。[3] 喜爱篮球的人们都记得,2007 年 11 月,当跻身 NBA 的姚明、易建联在休斯敦参加休斯敦火箭队与密尔沃基雄鹿队的经典之战时,仅在中国就创造了 1.5 亿—2 亿人观看电视转播的纪录,这真是一个令人震惊的数字![4] 正是由于

[1] 郭庆光.传播学教程[M].北京:中国人民大学出版社,2011,105.

[2] 麦克卢汉.理解媒介:论人的延伸[M].何道宽,译.南京:译林出版社,2011,58.

[3] 柳刚.论大型活动电视直播节目的蒙太奇镜头语言塑造[J].电视研究,2015,05:26-28.

[4] 周楠锋.斯特恩与 NBA 联盟发展研究[J].体育文化导刊,2014,08:182-185.

电视强大的影响力,职业体育自诞生时起就与电视结下了不解之缘,体育与电视之间的关系成为互利共赢的成功范例。[1] 职业体育需要电视转播更迅速、更直观地深入到人群中去,扩大赛事的影响力,吸引赞助商,从而获取高额的报酬;电视需要精彩的内容扩大受众群体,精彩纷呈的职业联赛可以带来极高的收视率,为电视行业创造巨大的财富,促进电视业的快速发展,这是一种相互青睐、一拍即合的联姻方式,也是一个合作双赢的成功范例。

篮球运动经过 129 个春秋的跌宕起伏,已经成为风靡全球的运动项目。职业篮球联赛早已发展成为高度社会化、商业化和产业化的联赛,拥有巨大的影响力。美国的 NBA 是全世界公认的运营最成功、影响力最大、创造价值最多的职业篮球联赛。追溯 NBA 成功的历程,我们可以看出,NBA 的发展在很大程度上是借助了电视传播的力量。"电视节目不仅带来转播收入,而且使得 NBA 明星偶像化、商业化和娱乐化,把全球观众都编织进庞大的体育、娱乐、消费网络中,成功把品牌授权也变成 NBA 的收入来源。"[2] 而从联盟收入方面看,NBA 联盟年均总产值大约在 40 亿至 50 亿美元之间,其中,电视转播权的收入超过 20 亿美元,约占联盟总收益的 45% 左右;[3] 此外,NBA 借助电视的传播走向世界,极大地拓展了国际市场,成为美

[1] 魏伟.重访电视与体育的"天作之合":从布尔迪厄说起[J].成都体育学院学报,2014,2:5-9.

[2] 王丽娜,杨建丰.NBA 全球区域化传播攻略[J].传媒,2014,02:43-44.

[3] 王晓东.媒介融合时代美国职业体育赛事转播权开发研究[J].新闻战线,2015,09:87-90.

国四大职业联赛中国际化程度最高的联赛,这对于 NBA 的发展来说是至关重要的,为此,NBA 前总裁大卫·斯特恩曾经这样说:"如果没有电视,就不会有 NBA 的今天。"[1]

中国的篮球职业联赛起步较晚,1995 年中国男子篮球的八强赛拉开了中国篮球比赛职业化、市场化的序幕,迄今为止,CBA 联赛运行了整整 20 个赛季,初步形成了由俱乐部主要运作、篮球运动管理中心监督管理、球迷和媒体主要参与和宣传的篮球市场。[2] 在发展过程中,中国的电视转播对篮球职业联赛的推广也起到了巨大的推动作用,联赛的电视转播不仅使 CBA 深入到亿万人的日常生活中间,使越来越多的人爱上篮球,而且使 CBA 联赛成为我国最受欢迎的职业联赛之一。据央视—索福瑞媒介研究报告显示,在 CBA 2014—2015 赛季,全国有 1.91 亿观众收看了总决赛,总决赛平均每场每分钟的收视观众数量与上一年度相比,增长率为50%。CBA 总决赛的收视率在全年体育节目收视中排名处于前十位,这表明在中国体育领域中,CBA 占据着重要的位置,同时也表现出中国人对于篮球运动的热爱。尽管我国的篮球电视转播在不断取得进步,但与 NBA 相比,还存在着相当大的差距。这一差距形成的原因,一方面是我国的篮球职业联赛还处于初级阶段,联赛的竞技水平不高,著名球星较少,联赛发展还面临着诸多软硬件的制约;另一

[1] 陈国强.浅析 NBA 的电视转播[J].中国电视,2005,09:78-80.

[2] 孙民治.篮球运动高级教程[M].北京:人民教育出版社,2000,53.

个方面,我国电视媒体对篮球职业联赛转播的投入不足,技术落后,节目质量和效果也不尽如人意,尽管经过 2008 年北京奥运会的洗礼,我国的体育电视转播水平获得了长足的进步,但囿于各种因素,还存在着许多不足。

2014 年 10 月,《国务院关于发展体育产业、促进体育消费的若干意见》的颁布,为职业体育的发展注入了新的动力,可以预见,篮球职业联赛必将获得全新的发展机会,而电视转播作为体育产业发展的助推器必将发挥更大的作用。在这样的大背景下,我们有必要从理论上、实践上,对篮球职业联赛的电视转播进行深入的研究,以充分发挥电视媒体的传播作用,推动 CBA 联赛迅速做大做强。本研究拟以 CBA 联赛电视转播为主要研究对象,参照 NBA 电视转播的成功经验,运用传播学和符号学的相关理论,就如何提高 CBA 电视转播信号质量等重要问题进行深入的探讨,找出影响 CBA 联赛电视转播质量的因素,并提出改进措施与对策。本研究将梳理 CBA 与 NBA 联赛电视转播和电视转播权的发展历史,从宏观层面探讨我国 CBA 联赛电视转播的宏观政策环境及其带来的影响,在微观层面分析 CBA 电视转播公用信号的制作理念、流程与标准,明晰各岗位的职责和要求,重点研究在电视信号制作过程中,各阶段机位的分工与配合,试图总结其规律,对比 CBA 与 NBA 在电视转播比赛画面内容和解说内容上的差异,并对字幕内容进行分析,针对当前 CBA 联赛电视转播中存在的问题,找出影响因素,并提出改善措施,以期更好地服务于 CBA 联赛的发展。

1.2 研究目的与意义

1.2.1 研究目的

本书从理论和实践两个层面对 CBA 联赛电视转播的历史、现状,与 NBA 电视转播的差距及影响因素进行了系统分析,并对电视转播的图像、声音和字幕等方面的理论与实践进行了比较深入的探讨,希望能为 CBA 电视转播质量的改善提供借鉴与参考。

1.2.2 研究意义

第一,在宏观层面,对影响 CBA 联赛电视转播的现行管理体制及政策环境进行分析,并提出改革建议;第二,在微观层面,探讨职业篮球联赛电视转播的理念、内容和形式,比较 NBA 与 CBA 联赛电视转播的风格差别,希望能够促进对体育赛事电视转播的研究,并丰富体育传播学的相关内容;第三,通过对 CBA 联赛电视转播电视画面、慢动作画面、解说方式和电视字幕的研究,明确篮球电视转播的制作标准,为提高电视转播的质量和效果提供借鉴。

1.3 研究的技术路线图

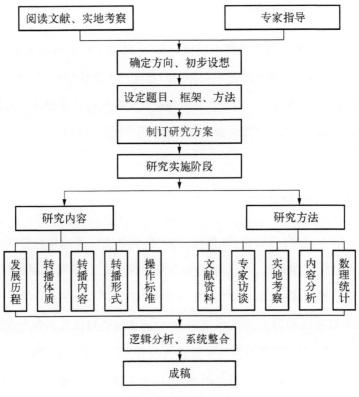

图1 研究的技术路线图

1.4 研究的创新点

本研究的创新点体现在从整体视角对影响 CBA 联赛电视转播质量与效果的因素进行分析,并从操作层面对决定职业联赛电视转播质量的要素进行提炼、分析,提出改进建议,对篮球电视转播制作标准提出规范,促进 CBA 联赛电视转播的质量与效果的提升,从而推动职业联赛的发展。

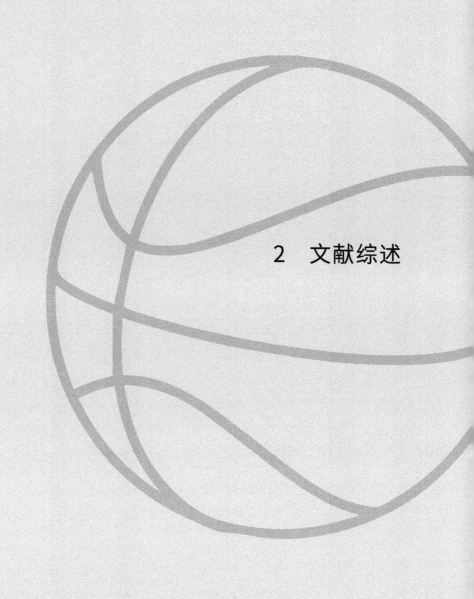

2　文献综述

2.1 关于体育比赛与电视 媒体关系的研究

20 世纪 20 年代电视进入了实验性的播放阶段,在 1928 年,美国纽约通用电器公司的 WGY 台播出了第一部电视剧。世界上有历史记载的最早的体育赛事电视转播发生在 1930 年 5 月,美国 NBC 实验电视台转播了在纽约进行的两场连环大学棒球赛中的第二场,普利斯顿老虎队对阵哥伦比亚雄狮队。当时唯一的一台摄像机被放置在本垒附近的平台上,有将近 400 名观众通过电视收看了这场比赛的转播。[1] 亚洲最早的体育赛事电视转播发生在 1931 年 2 月 17 日,转播的是日本东京早稻田大学内进行的一场棒球比赛。比赛画面通过学校内部的线路闭路传输,山本教授和他的学生在实验室里观看了比赛,早稻田大学公开转播比赛是在当年的 9 月 27 日。1936 年第 4 届德国加米施—帕滕基兴冬季奥运会是历史上最早进行电视转播的大型综合性运动会,不过当时由于技术原因,缺乏适当的传输设备,所以转播只能是延播。[2] 同年,第 11 届柏林夏季奥运会首次进行"准直播",他们以电影的形式对柏林奥运会进行详细、完整的转播,在总共播出的 138 小时内覆盖了 175 个比赛项目,有 162 228 名观众观看,这也是世界上第一次对体育比赛进行电

[1] 魏伟.国际广播电视体育史[M].北京:中国广播电视出版社,2012,46.

[2] 董杰.冬季奥运会市场营销总体趋势的研究[J].武汉体育学院学报,2012,01:29－34.

视直播。[1]

随着 1939 年第二次世界大战的全面升级,体育赛事电视转播除了在美国等极个别国家有条不紊地发展之外,绝大多数刚刚起步的欧洲国家的电视业几乎处于停滞状态,这一切直到 1945 年"二战"结束以后才得以恢复,战后电视媒介迅速发展,成为体育界乃至各个行业信息传播的最重要的大众渠道。20 世纪 50 年代后期,电视录放功能的出现使在恶劣的室外条件下进行的比赛也可以被录像播出。1960 年 8 月 25 日,在罗马进行的第 17 届夏季奥运会开幕式第一次在欧洲范围内被广泛转播,在转播中录放功能得到大量运用。1955 年 8 月 26 日,NBC 旗下的 WNBT–TV 在转播戴维斯杯网球赛美国队与澳大利亚队的比赛中首次实现了彩色电视体育赛事转播。[2] 20 世纪 60 年代是美国体育电视开始全面介入奥运会等国际综合性体育盛事的时期,1964 年第 18 届东京奥运会,美国发射了"辛科姆"通信卫星,通过这一卫星,这场奥运会在美国和部分其他国家得以实况转播。20 世纪 70 年代体育电视的发展延续了 60 年代的拓荒精神,1979 年世界上第一个体育有线电视网 ESPN 的出现,可能是整个20 世纪体育电视界最具革命性的事件之一。在这个阶段,以往赛场上的一些体育明星开始出现在荧屏上并占据显赫的地位。70 年代美国体育电视的另一个标志性事件是 HBO(家庭影院频道)开始全面

[1] 穆丹,李显国,黄义.奥运百年媒介的运作[J].体育文化导刊,2013,03:149–152.

[2] 魏伟.20 世纪 60 年代国际电视体育发展研究[J].体育文化导刊,2013,11:145–148.

介入职业拳击赛事的转播,1972 年 11 月 8 日,HBO 首次播出收费体育节目。之后体育电视经历了 80 年代的高速发展期和 90 年代的飞速发展期,1992 年,巴塞罗那奥运会进入了"公共信号时代",奥运会的电视节目制作不再是东道主的"独角戏",这届奥运会的公共信号制作由多国配合完成。2008 年北京奥运会,新媒体第一次参与奥运会的转播,央视网全程转播了奥运会的所有赛事,总共 3 800 小时,其中网络转播达到 2 300 小时。[1] 通过电视传播,体育赛事被最大程度地、全方位地、多角度地呈现给电视观众。随着现代社会的高速发展,体育运动越来越受到大众的喜欢,而现代通信技术的发展,也使体育与电视的关系变得越来越紧密。

我国体育电视转播直到 1958 年才出现,1958 年 6 月 19 日,北京电视台实况转播了八一男女篮球队与北京男女篮球队的比赛,这标志着中国体育电视转播的正式起步。[2] 在 1959 年底,北京电视台创办了第一个关于体育电视节目的专题栏目——《体育爱好者》,并进行不定期的播放。受到国家政策和当时国内特殊环境的影响,1961 年 4 月 4 日至 14 日,北京举行了第 26 届世界乒乓球锦标赛,这也是北京电视台首次转播世界性的体育大赛。在这届比赛中北京电视台转播了 14 场比赛,播出了 71 条新闻片、46 条专题片。之后,受到国内"文化大革命"的严重影响,体育事业和电视产业在一段时间

[1] 金浩,张丽红.体育新媒体与传统媒体的融合问题[J].新闻爱好者,2011,24:52-53.

[2] 田慧.中国体育电视转播对策研究[J].北京体育大学学报,2000,03:306-307,325.

内停滞不前。1973 年 4 月,北京电视台使用国内研制的电视发射设备首次试播彩色电视,并于当年 10 月 1 日对外正式播出彩色电视。1978 年 5 月 1 日,北京电视台正式改名为中央电视台,英文简称"CCTV",足球世界杯和奥运会逐渐成为观众观看最多的两个体育赛事。实际上在 1978 年之前,中国的电视观众还没有接触过这两个重大赛事,1978 年阿根廷足球世界杯,中央电视台决定对半决赛、三四名决赛和阿根廷与荷兰的决赛进行录播,宋世雄担任解说员,这是中央电视台首次把足球世界杯带给中国观众;1982 年的西班牙足球世界杯则是中央电视台首次现场直播世界杯。1978 年、1982 年世界杯受到央视的关注,标志着央视大型体育赛事电视转播的正式起步。[1] 1984 年第 23 届洛杉矶奥运会,中国体育代表团重返奥运赛场,随着改革开放的不断深入和中国观众对比赛的极大关注,中央电视台为了满足中国人民的需要,开始把奥运会带入中国。至此,足球世界杯和奥运会这两大赛事在中央电视台的积极努力之下,成功地在中国转播,使得中国观众能更多地了解世界体育的赛事水平。随着时代的发展,电视分工更加精细,节目的目的性、针对性更强,要求更高,体育频道的专业化探索随之而来。世界上第一家专业体育电视频道 ESPN(英文全称 Entertainment and Sports Programming Network,即娱乐与体育节目电视网)由美国人斯科特·拉斯马森和他父亲比尔·拉斯马森创立,于 1979 年 9 月 7 日正式开播,ESPN 启播时的定位是

---

[1]　孙晓辉.中央电视台体育转播简史[D].山东大学硕士论文,2013.

以播放标准电视新闻和体育资讯为主,为全世界的体育爱好者提供最专业的体育电视频道,经过几十年的发展,ESPN 已经发展成为全球最大的体育电视网,卫星网络覆盖 160 个国家,节目使用 21 种语言,全球收视观众超过 2.1 亿。[1] 我国的专业体育频道出现较晚,1995 年 1 月 1 日中央电视台体育频道正式开播,专业体育频道的成立揭开了中国体育电视转播崭新的一页,标志着我国体育电视转播逐渐向世界水平靠拢,有能力更好地服务大众,满足广大体育爱好者的需要。目前关于中国体育电视转播史的相关著作和文献并不多,但对于体育赛事与电视转播的关系的研究较多,相关研究如下:

中央电视台体育中心前主任马国力在《马上开讲:亲历中国体育电视 30 年》中指出中国体育电视经历了四个阶段:第一个阶段是同志阶段,20 世纪 80 年代体育与电视的关系是有求必应,只报喜,不报忧,在那个时候,国家体委和电视台是真正的同志关系,即使奥运会中国代表团在 1988 年成绩差,也很少有负面消息的报道,在体育方面是对英雄的崇拜和对报效祖国的人们的尊重;第二个阶段是帮手阶段,20 世纪 80 年代中期,我国经济体制改革逐渐开始从计划经济向市场经济转变,赞助商的加入,使体育的经济利益越来越大,这一时期电视对于体育更像是个"帮手";第三个阶段是相持阶段,由于体育与电视的市场进度不一致,出现了电视转播的问题,其中足协与央视的矛盾可以说是一个典型的例子;第四个阶段是合作阶段,马国

[1] 王珏瑞.美国体育传媒第一品牌 ESPN 的传播特色[J].传媒,2016,06:63-64.

力认为合作才是出路,尽量缩短相持阶段,中国体育和中国电视才能永不间断地走向成功。[1]

王大中、杜志红和陈鹏主编的《体育传播:运动、媒介与社会》中第五章讨论了体育与传媒的相互影响。该书认为传媒促进了人们体育观念的变化,铸造了适应时代发展的体育精神;对竞技体育而言,传媒充分地彰显了运动的魅力,同时某些体育运动项目为了方便电视传媒的转播需要,对比赛形式、比赛规则、比赛制度进行了改革;对运动员而言,传媒使得运动员备受关注,体育明星由此产生;对于体育组织来说,媒介传播体育,扩大影响,并促使体育组织媒介市场的形成。当然传媒也给体育带来了一些负面影响,比如,体育迎合电视转播的需要,盲目追求体育转播的娱乐化出现了假新闻,媒体对体育传播的垄断,等等。体育对传媒也产生了深远的影响,为媒介提供丰富的传播内容、促进体育传媒专业化、国际化和科技化,为媒介带来了大量的观众等。两者之间的结合是一种必然的现象,他们之间是一种符合逻辑的、珠联璧合的双赢的合作关系。[2]

魏伟在《国际广播电视体育史》中较详细、完整地记录了国际体育史上广播电视转播的发展过程,书中选取了国际广播电视体育史上有影响力的重大事件和人物,讲述了无数个"第一"的典型案例,如第一次体育与广播电视的结姻、第一次转播世界综合型赛事、第一次

---

[1] 马国力.马上开讲:亲历中国体育电视 30 年[M].北京:中国传媒大学出版社,2012.

[2] 王大中,杜志红,陈鹏.体育传播:运动、媒介与社会[M].北京:中国传媒大学出版社,2006.

彩色电视的出现等,既关注宏观体育传播,注意区域性的平衡,又重点整理了传播中典型的人物和事件,魏伟将国际广播电视的发展分为六个阶段:诞生、初期发展、黄金时代、平台期、式微期和新世纪后,以时间先后为序,对北美洲、欧洲、拉丁美洲、大洋洲、亚洲、中国等地区和国家的广播电视情况进行详细的梳理,为后续研究工作者提供了丰富的史学资料。[1]

孙晓辉的硕士毕业论文《中央电视台体育转播简史》在总结前人理论研究的基础上系统、详细地梳理了中央电视台体育转播的历史和 CCTV‐5 创立的过程,对中央电视台典型的体育转播案例进行分析。该文将中央电视台的体育电视转播分为三个阶段:北京电视台(中央电视台的前身)的转播概况(1958—1978)、中央电视台正式成立之后的转播概况(1978—1995)和 CCTV‐5 成立以后至今的转播概况(1995 年至今),文章中还对中国体育电视格局和新媒体兴起后体育电视转播的情况进行简要的概述,为中央电视台今后的改革发展提供了参考。[2]

韩勇在《电视与体育共舞》中讲述了作为世界第一大运动的足球与电视媒体的关系,论述了电视媒介的介入对足球运动的影响,电视将足球早期的暴力和欺诈等丑行一览无遗地展示在观众面前,同时电视转播也促进了体育产业的发展。文章还谈到了电视转播权的利

[1] 魏伟.国际广播电视体育史[M].北京:中国广播电视出版社,2012.

[2] 孙晓辉.中央电视台体育转播简史[D].山东大学硕士论文,2013.

益之争和世界足球与中国足球电视转播权的营销情况,韩勇认为体育对于电视和电视对于体育同样重要,两者互帮互助才能更好地继续走下去。[1]

在《电视与体育:谁主体坛沉浮》中,作者董青认为观众没有必要太担心许多受到大众欢迎的体育项目将来可能只有在付费频道上播出,因为一方面,比赛组织者不仅仅追求最大利益,同时也希望电视转播的体育节目有着广泛的群众基础,受到更多受众的关注;另一方面,在"免费"电视上播放体育比赛可以最大限度地扩大受众面,得到更多广告商和赞助商的青睐。董青还认为电视转播最大的受益者不是比赛的组织者而是运动员,随着明星球员的曝光率提高,报酬也会随之增加。从长远来看,电视更有可能成为体育赛事的仆人,而不是主人。[2]

蔡德亮、林少娜在《电视转播媒体对体育赛事的影响力》中谈到电视媒体与体育的结合应该说是一项"双赢"的结合,两者相互促进、相互影响,正在形成一种休戚与共的共生效应[3];文中阐述了与传统的传播媒介相比,电视媒介在体育赛事转播方面的优势和作用,列举了一些经典的国外体育赛事的电视转播范例,同时指出电视媒介对体育运动发展既有正面影响作用也有负面影响作用。

[1] 韩勇.电视与体育共舞[J].体育博览,2000,05:20-21.

[2] 董青.电视与体育:谁主体坛沉浮[J].体育世界,2015,01:34.

[3] 蔡德亮,林少娜.电视转播媒体对体育赛事的影响力[J].内蒙古体育科技,2010,03:30-32.

　　易宝红在《大众体育与电视文化辨析》中探讨了大众体育和电视媒介的关系,认为随着全面建设小康社会发展目标的达到、物质生活水平的提高和人们体育价值观的改变,大众体育在电视媒介这一天然载体的传播会得到空前的发展。同时,由于竞技体育的竞争性、激烈性、悬念性以及自身独特的魅力通过电视的传播,越来越多的忠实体育观众参与到体育运动中来,推动了大众体育的发展。大众的参与促进了我国体育市场的形成和发展,电视和大众体育的关系也会越来越紧密。如同电视和竞技体育的关系一样,大众体育和电视也会是一种互相依存、互相促进的关系,是一种双赢的伙伴关系。[1]

　　曾静平、王守恒在《论电视媒介与商业体育的互动关系》中阐述了电视媒介在商业体育高速发展的今天的地位与作用愈加显赫,文章从电视媒介与商业体育的历史渊源入手,梳理了电视转播在奥运会中的种种表现。电视转播费是商业体育的重要收入来源,同时商业体育赛事也是电视媒介的主要节目来源(尤其是奥运会、世界杯等重大国际体育赛事)。他们认为现代电视媒介与商业体育关系日趋密切,很多体育赛事为了满足电视转播的需要,为了获得更高的电视收视率,改变赛事的赛制、赛程、比赛形式等;而新型电视媒体的出现(网络电视、手机电视、车载电视等)进一步提升了商业体育的价值,扩大了赛事的社会影响力。作者建议对电视媒介与商业体育的关

[1] 易宝红.大众体育与电视文化关系辨析[J].体育文化导刊,2006,010:26-28.

系,需要小心谨慎处理,避免"两败俱伤"的局面出现,两方合作共赢局面的巩固任重而道远。[1]

陈国强在《国外体育赛事电视转播带给我们的理念》中说明了电视在职业体育赛事中的作用:存留比赛画面;是体育赛事实现商业价值的介质,有利于体育赛事的宣传;是体育文化传播的平台;延长了电视媒体的价值链和产业链等。陈国强通过分析国外电视机构如何转播 NBA、F1 以及奥运会等重大国际赛事,总结了国外电视机构转播体育赛事的特色:专业化、市场化、专项化。最后陈国强认为中国的体育电视人开始在国际赛事转播中登台亮相,仍需要借鉴国外电视转播的经验,除了赛事本身的质量以外要注重赛事的包装,从背景资料介绍、现场解说到演播室和专题片以及宣传片都要进行总体设计编排;对于公用信号强调标准化,注重从有潜力的运动员里面选出评论员和记者,强调人才培养,以进一步提高我国的体育赛事电视转播水平。[2]

综上所述,当今时代是信息时代,从体育电视转播的历程来看,随着职业体育联盟、商业赛事的相继出现,无论是赛事组织者、电视转播机构还是广告赞助商都看见了体育比赛巨大的商业价值,体育赛事与电视媒介的联姻可以说是一拍即合、互利共赢。赛事主办方为了扩大知名度、树立赛事品牌的荣誉度、影响力,每天都要通过电

[1] 曾静平,王守恒.论电视媒介与商业体育的互动关系[J].首都体育学院学报,2009,05:5.

[2] 陈国强.国外体育赛事电视转播带给我们的理念[J].中国广播电视学刊,2005,09:13-15.

视台、报纸、杂志、广播电台等各种形式的媒介组织宣传比赛,而且随着比赛竞技水平的提高,商业化、职业化运作的成熟,比赛组织者兜售电视转播权还可从中获得高额的经济利益,为赛事提供充足的资金支持;而电视台通过转播高水平的体育比赛得到广告赞助商的青睐,比赛水平越高、受众人群越多,广告赞助商对于比赛的依赖就越强,因此电视台可以通过比赛暂停、间歇的时间播放广告。有些职业赛事为了满足电视转播机构的需求,有意识地在比赛过程中增加广告暂停时间,如 NBA 每节的广告暂停时间(每个队上下半场各有一次 20 秒的广告暂停时间),甚至有些总决赛还要求必须打满七场比赛。此外,中央电视台和地方电视台为体育赛事在国内外的推广提供了坚实的平台,同时树立了电视台自身的品牌形象。从广告商的角度来看,他们意识到有购买潜力的观众的存在,不仅会赞助体育赛事还会在电视转播过程中投入大量的资金宣传自己的企业和产品,媒体是企业走向市场的中介。只有形成一个良性循环,赛事组织者、媒介机构和赞助商才可以走得更远更好。

2.2 关于 NBA 与 CBA 电视 转播发展历程的研究

宛春宁在其博士毕业论文《CBA 联赛电视媒体营销的研究》中从体育电视市场营销的角度出发,分析了现阶段我国 CBA 联赛电视转播权的营销状况,一是 CBA 电视转播费用低;二是 CBA 联赛电视转播还不完全以市场为导向，在一定程度上受到行政因素的影响。在此基础上，宛春宁就如何做好电视媒体的市场营销进行了全面深入的研究，作者认为要从选择与定位目标市场，提高联赛产品质量，提高从业人员业务能力，制订合理的竞赛规则，建设先进的场馆设施，深化改革，促进发展、培育健康的中介市场，树立联赛产品品牌，精确定位 CBA 的品牌个性，树立 CBA 良好的公益形象，利用网站做好宣传和推广，保持良好的电视媒体互动等方面提高 CBA 联赛电视市场营销能力，以促进我国篮球事业的发展。[1]

魏磊在其博士毕业论文《CBA 与 NBA 赛制、市场、文化的比较研究》中以职业篮球运动为主题，从赛制、市场和文化这三个层面比较了 CBA 与 NBA，他认为这三个层面分别代表了职业体育赛事的不同发展阶段，并呈现出一定的递进性，是紧密联系的。魏磊通过研究发现，在赛制方面，CBA 要提高竞技水平，必须增加比赛的形式，建立科学合理的选秀制度和后备人才培养制度，并严格实施俱乐部的准入制度；在市场方面，与 NBA 相比，CBA 整体收入相对较低，门票是 CBA 的主要收入来源之一，电视转播权等还有待进一步开发；在文化方面，与 NBA 文化相比，CBA 文化需要转变精神层面的认识和观念，健全行为制度层面，从而更好地丰富其物质层面。最后总结了这一个问题的三个方面，完善赛制、建立科学合理的市场发展机制、

[1] 宛春宁.CBA 联赛电视媒体营销的研究[D].北京体育大学博士论文,2008.

构建先进的 CBA 文化,是 CBA 发展的主要方向,也是 CBA 发展的
内在需要。[1]

康妮芝在其硕士论文《我国体育赛事电视转播权的营销策略研
究》中分析了我国体育赛事电视转播权的现实状况,简单地回顾了奥
运会电视转播权的营销历史,全方位、多角度地对奥运会电视转播权
的营销策略进行分析,并揭示了我国体育赛事电视转播权营销方面
存在的五个问题,最后提出相应的策略;她认为国内缺乏精品赛事、
广告收益不丰厚、国内赛事电视转播权价格偏高、赞助商缺乏赞助的
动力和中介机构不健全这五个方面是我国体育赛事电视转播权营销
状况不好的主要原因,务必从这五方面入手,提高赛事水平、提升转
播质量、充分保证赞助商的利益,保证体育赛事—电视机构—广告赞
助三位一体,才能有效地开发我国体育市场,体育赛事转播权才能得
到很好的经营。[2]

杨婷在其硕士毕业论文《奥运会转播权法律问题探讨》中讨论了
体育赛事转播权和奥运会转播权的概念、性质,分析了奥运会转播合同
主客体等有关转播权的基本问题。该文作者认为奥运会的电视转播权
是一项由民法调整的新型合同权利,在性质上不同于著作权、表演者
权、广播电视组织权,权利主体是国际奥委会,它拥有奥运会以及残
奥会的全部权利。文章还以 2004 年雅典奥运会和 2008 年北京奥运

[1] 魏磊.CBA 与 NBA 赛制、市场、文化的比较研究[D].苏州大学博士论文,2008.

[2] 康妮芝.我国体育赛事电视转播权的营销策略研究[D].武汉体育学院硕士论文,2008.

会为例初步探索新媒体(网络、手机)的转播形式。杨婷认为目前由于技术上的不成熟以及利益上的难以协调,新媒体方式尚未普及,新媒体与传统媒体之间是一种冲突与融合的关系。此外该文还对我国奥运转播权的发展和保护现状进行分析,由于我国立法对转播权概念和性质界定不清晰,建议在《体育法》中增加有关内容来解决问题。[1]

黄福华在其硕士毕业论文《NBA 发展史研究》中探索了 NBA 发展的历史以及各个阶段的特征,用历史文献资料再现了 NBA 从惨淡经营到享誉全球的过程,他认为 NBA 发展至今分为四个阶段:(1) BAA 在 1946 年成立是美国职业篮球发展半个多世纪的积累和沉淀,在 1949 年 BAA 合并 NBL 更名为 NBA,这是 NBA 发展的初创时期;(2) 第二个阶段是 NBA 发展的关键阶段,NBA 通过改变比赛规则(24 秒规则的实施和 3 分球规则的出现)、进驻西部城市、扩大经营规模以及与电视转播公司的联手等方式,占领了美国职业篮球市场;(3) NBA 发展的兴盛时期,第四任总裁大卫·斯特恩的上台进一步完善了 NBA 的体制和机制,坚持与电视转播合作,全面推行篮球商业化和包装篮球明星;(4) NBA 对外扩张时期,NBA 引入众多海外球员(吉诺比利、诺维斯基、姚明等),全世界六大洲遍布 NBA 的影子,乔丹现象把 NBA 全球化推向高潮。作者还建议将 NBA 视为 CBA 的一面镜子,我们应该更好地审视自己的过去和现在,以便更好地把握未来。[2]

---

[1] 杨婷.奥运会转播权法律问题探讨[D].湘潭大学硕士论文,2009.

[2] 黄福华.NBA 发展史研究[D].苏州大学硕士论文,2009.

　　吴进新在其硕士论文《体育赛事转播权研究》中从法律角度分析了体育赛事转播权的法律性质和归属问题,他认为体育赛事转播权包括两层含义:直播和转播。直播指体育赛事举办者自己或允许他人对体育赛事进行直播的权利,它不属于知识产权和著作权的范畴,属于一种无形财产权;体育赛事转播权指广播组织允许他人对体育赛事节目信号进行转播的权利,属于一种邻接权意义上的广播组织权。该文还对国内外对于体育赛事转播权的法律规定做了简单的概述,通过与国内比较,吴进新认为要加强体育赛事电视转播权的法律保护,完善有关体育赛事转播权的立法,适当平衡多方利益,以避免产生不必要的冲突,以此促进我国体育产业的健康发展和相关法律法规的完善。[1]

　　李保存在其硕士毕业论文《2008 年北京奥运会我国电视体育转播对策研究》中分析了体育电视转播相比报纸体育传播和网络体育传播的优势,梳理了历届奥运会我国电视转播的发展历程、社会功能、内涵以及与外部环境的关系,强调奥运会的报道要采用多种电视转播形态的方式(赛事直播、赛事资讯、专题报道和娱乐花絮)吸引观众,让体育比赛像“体育大片”一样,吊足观众的口味,通过研究作者对即将到来的 2008 年北京奥运会给出了自己在发展思路、目标和相应的对策等方面的建议。[2]

---

[1] 吴进新.体育赛事转播权研究[D].暨南大学硕士论文,2013.

[2] 李保存.2008 年北京奥运会我国电视体育转播对策研究[D].武汉体育学院硕士论文,2007.

侯觉明在《中国足球超级联赛电视转播现状研究》一文中,回顾了中国足球报道的发展历史和中超联赛电视转播权的更迭,侯觉明以北京、上海和广东电视台体育频道的中超联赛转播内容为研究依据,对各电视台中超联赛的转播现状进行了梳理。此外侯觉明对北京、上海和广东三地的中超联赛电视观众进行问卷调查,通过调查他发现,中超联赛的电视转播形成了以上海为代表的发达地区地方台为中心的格局,目前各电视台对中超联赛的转播量在我国不同地区存在明显差异,经济较发达地区的播放量和收视率相对较高,较落后地区的播放量和收视率较低。要提高中超联赛的转播质量务必要提高联赛的产品质量、打造中超联赛自己的品牌以及进一步改善和提高转播技术。[1]

邓飞 2012 年在《中国经济导报》发表《为什么国内的职业联赛不赚钱》一文,在谈到体育赛事电视转播权时他认为:制约我国体育赛事做大做强的一个重要因素就是如何实现电视转播权的自由交易。目前我国电视转播权还没有实现市场化,很难出现成熟的职业联赛,俱乐部和联盟也不会好好地包装和运营赛事,只是停留在以俱乐部夺冠为目标的初级阶段,只有有了好看的体育赛事且把明星球员包装好,才会有高的收视率,电视台也愿意购买。[2]

田慧在《中国体育电视转播对策研究》一文中总结了我国体育

[1] 侯觉明.中国足球超级联赛电视转播现状研究[D].首都体育学院,2011.

[2] 邓飞.为什么国内的职业联赛不赚钱[N].中国经济导报,2012,06:30B06.

电视报道的特点：起步晚,但发展快、电视台多、覆盖面广、体育电视节目丰富等。田慧在总结这些特点的基础上论述了国外发达国家体育电视转播在体育产业中的作用,并针对我国电视转播的现状提出来了4条对策：(1)电视转播与竞技体育协调发展,两者相互合作、相互依存、共同发展;(2)我国体育电视转播必须走向市场,目前我国赛事电视转播走向市场的条件已经基本成熟,正在逐步走向市场;(3)体育电视转播费应适合中国国情,既使体育俱乐部具有一定的经济利益,又能保证广大电视观众能观赏到高水平的体育比赛;(4)形成多元电视转播网络,中央电视台负责国内外重大综合性比赛转播,省市电视台负责单项体育比赛和区域性比赛的转播,只有这样才能取得较好的发展。[1]

王家宏、魏磊在《CBA联赛电视转播经营问题研究》一文中从电视转播单位性质、电视转播收益情况以及电视转播技术等方面,通过与NBA联赛的对比,对CBA联赛电视转播的经营现状进行了分析。作者认为目前CBA联赛电视转播的经营还存在较多的不足之处,受到联赛自身的竞技水平、商业包装与推广、转播技术等内部因素和体制因素、市场环境因素等外部因素的影响,联赛电视转播市场的经营与开发在不同程度上受到了制约。作者建议要加大电视转播单位对CBA联赛的转播量,发挥行政管理的优势,最大化地培育电视转播的市场;在电视转播技术上,要使用现代化的转播技术,提高联赛的

[1] 田慧.中国体育电视转播对策研究[J].北京体育大学学报,2000,03：306-307,325.

电视转播质量;就联赛本身而言,加强后备人才的培养以及合理地引进与使用外援,逐步提高联赛的竞技水平;建立更专业化的市场推广部门来促进联赛电视转播经营的可持续发展。[1]

孙庆海在《我国职业篮球赛事电视转播权的开发现状与对策研究》一文中认为我国篮球职业赛事存在电视转播时间短、场次少、收益少(直到 1998 年,江苏南钢和辽宁盼盼才实现电视转播权的有偿转让,仅仅为 65 万元人民币,很多俱乐部为了让电视台转播自己的比赛出现了反销售的现象),现阶段体育电视对篮球赛事的宣传效果也不好(摄像机位少、记者人数少导致画面模糊单调,转播质量不高)等现象。孙庆海分析了影响我国职业篮球赛事转播权的因素,认为篮球俱乐部产权模糊、比赛竞技水平低、观赏性不强、CBA 还没有形成自己的品牌以及俱乐部缺乏相应的管理人员是电视转播卖不上好价格的主要原因,他建议电视媒体必须与职业联赛相互支持、相互协作,以实现最大的经济利益和社会效益,促进我国篮球事业的发展。[2]

综上所述,很多学者对 NBA 联赛和 CBA 联赛电视转播的发展历程进行过研究。与电视转播权的营销状况、如何提高联赛电视转播权的出售及 NBA 联赛与 CBA 联赛电视转播权的法律保护问题等相关的文献资料不少。

---

[1] 王家宏,魏磊.CBA 联赛电视转播经营问题研究[J].成都体育学院学报,2009,02: 15 - 18,26.

[2] 孙庆海.我国职业篮球赛事电视转播权的开发现状与对策研究[J].南京体育学院学报(社会科学版),2005,05: 60 - 62.

2.3 关于中国体育电视转播
体制与格局的研究

潘霏在其硕士毕业论文《国内体育电视市场研究》中分析了当时中国体育电视市场的格局：央视占尽优势、地方电视台在败退中采取防御的策略、外资的无可奈何以及民营起步阶段的困难重重。潘霏还探讨了中国体育电视市场存在的问题，借鉴美国 ESPN 成功的运营模式，提出了加快我国体育电视市场发展的对策：优化体育市场环境、建设跨媒体的综合性体育信息平台、品牌赛事的建立、造星计划以及发展体育数字电视。[1]

石娜在其硕士毕业论文《中国体育电视格局的现状分析》一文中，以我国体育电视机构的主体为研究对象，从体育电视节目的制作与交易、播出与收视以及体育比赛转播权的购买、广告收益等方面进行全面的分析，并对它们之间的相互关系进行深入的总结。她认为，目前中国的体育电视在国家政策和市场机制的双重影响下，现有的格局在近期不会发生改变，各部分要根据自己的实际情况，按照自己的定位，寻找自己的市场空间，代表不同的利益群体。中央电视台仍处于垄断地位，有些地方电视台体育频道生存状况堪忧，民营体育电视机构发展缓慢，境外体育电视机构在狭窄的道路上前进艰难，只有

[1] 潘霏.国内体育电视市场研究[D].南昌大学硕士论文,2006.

适当放开对境外体育电视机构在中国发展的限制、鼓励民营体育电视机构的发展、加快数字体育电视的发展，方能繁荣我国的体育电视市场。[1]

范昭玉在其硕士毕业论文《中国电视体育联播平台（CSPN）的现状与发展策略研究》中就地方电视台体育频道的发展之路，CSPN 的成立背景、发展现状以及运作过程中存在的问题进行了综合分析。她认为目前 CSPN 制播分离的管理体制相当松散，还没有挖掘出合理的制播分离的方式，运行成本过高；CSPN 的节目地方特色不够鲜明，重播节目较多；广告体系也不够严密以及部分地区的落地问题也无法根本解决。作者就存在的问题提出 CSPN 需要科学实施制播分离，打造频道的名人效应，形成差异化竞争，注重跨媒体合作以及提高团队的制作水平，寻求与地方卫视的合作，只有这样才能真正找到适合地方电视台体育频道发展的运作方式。[2]

硕士研究生张春霞在其毕业论文《中国民营电视公司发展困境与突围》一文中，介绍了民营电视机构面临的困境，包括：国家政策的模糊性、传媒市场的不成熟、体制内电视台的竞争以及国外传媒集团的威胁等情况。该文回顾了我国民营电视机构的发展历程，民营电视机构中面临的挑战，也介绍了美国、英国、日本、韩国等国家民营电视机构发展的经验，希望对我国民营电视机构的发展有所借鉴与

[1] 石娜.中国体育电视格局的现状分析[D].北京体育大学硕士论文,2008.

[2] 范昭玉.中国电视体育联播平台（CSPN）的现状与发展策略研究[D].上海体育学院硕士论文,2010.

启示。张春霞认为民营电视机构要充分利用有利的国家政策,以"内容为王",借助高科技技术完成对更高一级节目的制作,才能更好地推动我国文化产业的积极、有效地发展,不断提高国家文化软实力。[1]

李琳在其硕士毕业论文《新一轮制播分离改革进行时:逻辑、困境和出路——以"上海模式"为例的研究》中以"上海模式"作为新一轮制播分离改革的突破口,运用制度变迁理论分析了此次改革的动力机制。作者认为行动集团一直有强烈的突破现有体制束缚获取更多利益的变革冲动;而提供制度的政府一方面改革使得中央税收增多,另一方面稳定了政治局面。文章认为新一轮制播分离改革是"藕断丝连"的分离,是行动集团不断尝试和探索与"国家主导"的"自上而下的改革"的合谋;作者从国家层面、社会层面和集团层面总结了"上海模式"改革一年多来取得的成绩和遇到的困惑;最后提出制播分离只是手段不是目的,认为改革的关键不是"分离"而是"效率",从"制""播"两方面给出了改革创新的思路。[2]

徐成哲在其硕士毕业论文《制播分离体制的确立对我国电视业的影响》中阐述了从"制播合一"到"制播分离",中国电视业改革发展的过程。作者认为制播分离的推行是电视业改革的必然趋势,它打破了节目制作的垄断,把竞争机制引入到了电视节目制作领域,促进了传媒领域的进一步开放。文章指出我国电视行业制播分离处于

---

[1] 张春霞.中国民营电视公司发展困境与突围[D].山东艺术学院硕士论文,2012.

[2] 李琳.新一轮制播分离改革进行时:逻辑、困境和出路——以"上海模式"为例的研究[D].复旦大学硕士论文,2011.

初级探索阶段,建立科学的节目评估系统,对成本进行合理的核算,运用企业管理的方法是推行制播分离的前提;应选择公开透明的竞争机制,强化行政监督、舆论监督和法律监督三管齐下的监督机制;同时对于社会制作公司、独立制片人的资质问题也要认真考虑。文中还对民营电视制作公司的未来进行分析,认为是机遇也是挑战。徐成哲认为,制播分离以后,民营制作公司的竞争会让节目质量越来越好,与电视台的关系更加紧密,只有逐渐弱化人的因素,健全、完善政策和法规,才能实现中国电视业的腾飞。[1]

硕士研究生王岚在其毕业论文《从制播分离角度探究 CCTV‑5 产业化运营模式》中通过对体育电视产业化背景下 CCTV‑5 制播分离的分析和研究发现:CCTV‑5 准入程度可以适度放宽。文章认为中央电视台体育频道的制播分离是体育频道通过某种交换机制与节目制作机构之间的一种契约或合作关系,是市场化运行机制下的节目交易机制。作者总结了 CCTV‑5 电视节目的特点,不仅有电视节目的一般特性(精神产品、准公共产品和外部性),还有其特殊性(节目国际化、版权以及技术发展)。作者认为制播分离的前提是频道制改革,而制播分离又是产业化运营的突破点,产业化才是终点。文章分析了 CCTV‑12(西部频道)制播分离的失败原因和中视体育推广有限公司作为制作方成功制作《篮球公园》的案例。最后王岚认为制播分离后,专业制作公司将会崛起,通过制播分离的实施,频道管理

[1] 徐成哲.制播分离体制的确立对我国电视业的影响[D].东北师范大学硕士论文,2007.

和运作机制得到优化,频道经营理念越来越深化,成本意识、市场意识将深入人心。[1]

马珂在其硕士毕业论文《解读"制播分离":"必须分离"还是"可以分离"》中将制播分离放置于宏观体制改革的层面去理解制播分离的重要意义。文章对制播分离的概念进行解读,探讨了制播分离的中国化,认为作为制播分离的前提的制作方和播出方都是独立的市场主体,地位平等才能按照市场规律去进行市场交换。该文还分析了在体制内和体制外制播分离的不同模式,认为体制内制播分离可以说是教育方式的转变,从"圈养"转变成"放养"的过程,而在体制外有四种模式:民营节目制作公司自主制作、委托制、合作制、独立运作电视频道。文章就制播分离是"必须分离","可以分离",还是"制播合一"进行了研究,列举了韩国、美国、英国制播分离的实践状况并进行分析,认为分离还是合一没有一个稳定的价值评价,两者共存也是有可能的,市场规律是基础,行政力量来协调。文章最后说明了中国民营节目制作公司萎缩的原因、遇到的问题和解决方法,并提出了自己的一些设想。[2]

张艳艳在其硕士毕业论文《〈中国好声音〉成功原因分析》中以《中国好声音》开播以来收视率高、赞扬之声多为出发点,阐述了节目的制播分离模式、利润分成以及反选秀的基本特点。该文提出《中国

[1] 王岚.从制播分离角度探究 CCTV-5 产业化运营模式[D].北京体育大学硕士论文,2010.

[2] 马珂.解读"制播分离":"必须分离"还是"可以分离"[D].重庆大学硕士论文,2008.

好声音》成功的原因在于准确的定位、导师阵容的强大、节目模式公平新颖、优秀的制作团队、精良的制作水准、创新的中国化元素、群众基础深厚、媒体的持续不断的宣传、正确的价值导向、寻找真正的中国好声音以及对负面新闻的妥善处理等方面。就制播分离方面，张艳艳认为该档节目是我国电视历史上真正意义的分离。制作公司和电视台共同投资、共担风险、共享利润，保证了节目的高质量制作，根据现实把握受众的消费取向，形成产业链，只有这样电视节目才能受到百姓欢迎，才能盈利。[1]

　　陈琪在其硕士毕业论文《制播分离困局及发展趋势研究》中分析了在中国电视节目发展过程中，制播分离遇到的问题和发展瓶颈，文章列举了美国、英国、韩国和中国电视节目在制播分离模式下各自不同的供应方式。陈琪认为我国电视节目制播分离中制作方与播出方的地位不平等，几乎所有风险由制作方承担，电视台作为播出方，掌握稀缺的播出平台，处于强势的地位；而制作方在竞争格局中处于底层，地位低下，同时主体地位的不平等也带来了收入利益的不平等，导致制作方节约制作成本、节目质量下降的恶性循环。文章运用《中国好声音》成功的制播分离模式，以"对赌协议"为突破口，探讨制播双方解决矛盾的可行性以及合作的可能性，分析"对赌协议"优势和风险。陈琪认为制播双方需要满足两个条件：（1）制播双方拥有相对平等的市场主体；（2）制播双方之间有一个合作的区间，只有这样

[1] 张艳艳.《中国好声音》成功原因分析[D].内蒙古大学硕士论文,2013.

对赌双方才能得到最大限度地释放,尤其是制作方,才能促进利益分成模式和产业链的拓展。[1]

陈一珠在其硕士论文《电视制播分离改革的研究》中概述了中国电视制播分离改革的发展历程,认为应分为五个阶段:萌芽阶段(1978—1990年)、激励阶段(1990—1997年)、抑制阶段(1997—2002年)、鼓励阶段(2002—2010年)、平推阶段(2010年至今);在这个基础上,提出了我国电视行业制播分离改革存在的问题:播出机构改革的积极性不够、社会制作机构的期望值不高、制播分离改革的成效性不大以及制播机构之间的衔接性不顺等问题。陈一珠从思想观念、管理体制、播出机构、市场环境等方面分析了制约我国电视制播分离的原因,并结合我国国情,借鉴国外先进经验,提出要厘清改革思路、健全运营机制、完善政策法规以及严格加强监督的对策措施。[2]

钱越在其硕士毕业论文《当前媒介生态环境下电视业制播分离改革发展研究》中分析了当前我国媒介生态环境下制播分离改革的发展现状、存在的问题、原因以及解决的对策。他认为在宏观层面,制播分离改革环境由不稳定趋向明朗、市场经济日趋成熟、文化环境向着多元化方向发展;在微观层面,广电网、电信网和互联网的融合给电视制播分离改革带来的既有机遇也有挑战。现在的改革存在以

[1] 陈琪.制播分离困局及发展趋势研究[D].华南理工大学硕士论文,2014.

[2] 陈一珠.电视制播分离改革的研究[D].华南理工大学硕士论文,2010.

下问题：（1）政策上的改革与改革后各机构的积极性不匹配；（2）节目制作机构与播出机构的合作还未形成市场化；（3）改革后的制作市场缺乏创新形式的节目。钱越认为，国家应在政策上给予明确的支持，完善法律法规；机构应加强节目的创新能力，扩大节目的流通市场，坚决杜绝"旧体制的依赖"，打造产业化市场，这条改革之路才能成功，才能让电视更好地服务大众。[1]

洪建平在《从电视转播权之争看中国体育电视市场格局和趋势》中以电视转播权销售的视角分析我国体育电视的格局。2007年上海文广中超转播权的获得和广东电视台足球频道付费频道的建立，意味着央视垄断地位在局部已有所松动，地方电视台在本地市场开始与央视体育频道抗衡。该文还认为只有产生电视产业的竞争结构，我国体育赛事的电视转播权才能成为体育产业收入的主要来源。洪建平通过研究发现我国电视行业的天然垄断地位否定了供求决定价格的市场规律，只有体育产业和电视产业持续博弈，在未来才可能将电视转播权的价值重回市场。[2]

尹鸿在《"分离"或是"分制"——对广电制播分离改革的思考》中认为，制播分离就是制作主体与播出主体分离，制作方和播出方都通过市场行为完成交易。这种制播分离的前提是制作方和播出方都

[1] 钱越.当前媒介生态环境下电视业制播分离改革发展研究[D].河北经贸大学硕士论文,2014.

[2] 洪建平.从电视转播权之争看中国体育电视市场格局和趋势[A].中国传媒大学广播电视研究中心、美国宾夕法尼亚大学安南堡传播学院.奥林匹克的传播学研究[C].中国传媒大学广播电视研究中心、美国宾夕法尼亚大学安南堡传播学院；2006,21.

是市场交易的主体。该文从产业规律的角度分析我国广播电视的制播分离,指出我们改革的方向不应该是分而更应该是合,这才是符合市场经济规律的整合,在我国电视台事业主体之下,实行"一台两制"。要想把我国广播电视事业做大做强,恰恰要利用资源的整合使效益最大化,"分离"只能削弱电视行业,"分制"才有可能做大做强电视行业。[1]

朱虹与黎刚在《关于推进广播电视制播分离改革的若干思考》中总结了我国各地制播分离改革的实际情况,深入分析了我国制播分离改革的现状,对节目进行了分类,明确制播分离的范围,深入推进制作机制和播出机制的改革,实现了节目来源的社会化和经营格局的企业化、市场化。该文提出目前我国制播分离改革存在以下问题:(1)对于制播分离认识不统一,各地积极性参差不齐;(2)在改革范围和改革方式上不规范,出现了一些违规问题;(3)配套政策薄弱;(4)节目交易和产权保护有待改善,社会上跟风现象严重,出现了节目同质化和市场的恶性竞争。最后,该文根据当前情况,结合中国国情从制播分离改革的要求、范围、途径、主要任务等方面提出了对于制播分离改革的构想。[2]

金莉萍在《广电制播分离的发展回顾与展望》中梳理了我国广电行业制播分离改革的发展过程,分析了在我国制播分离的内涵。金

---

[1] 尹鸿."分离"或是"分制"——对广电制播分离改革的思考[J].中国传媒大学学报,2010,4:7-9.

[2] 朱虹,黎刚.推进广播电视制播分离改革的若干思考[J].中国传媒大学学报,2009,6:5-8.

莉萍认为结合中国国情,制播分离是国家电视播出机构在保证舆论正确引导、宣传的前提下,将部分非新闻节目交给社会电视制作公司完成。制播分离还有广义的体制外分离和狭义的体制内分离之分。该文总结了制播分离的发展道路,可以说是一波三折,政策几乎决定了制播分离改革的起起落落。该文还说明了制播分离的好处,认为目前中国广播电视体制变革的困惑是现存体制的缺陷与力图重构新体制空间之间的矛盾。[1]

喻国明、姚飞在《制播分离模式的惑与解》中指出目前我国市场化制播分离模式的特点是播出机构在与制播分离节目的投资方签订合同时规定:投资方的任务是进行节目的制作与招商,以节目最终的收视率为考核标准,超过一定标准,广告收入五五分成,低于某一标准,投资方不参与广告收入分成。该文认为目前我国制播分离存在五个大问题:(1)缺乏节目评估系统和标准;(2)投资方身份过于单一,节目融资不足;(3)收入来源单一,多元化收入渠道开发不够;(4)节目版权归属不清晰,节目延伸品开发有限;(5)制播双方主体地位不平等,市场交易难以公平公正。该文认为成立项目公司可以较好地解决节目评估标准、资金来源、主体地位的公平公正性以及节目版权和收益等问题。[2]

硕士研究生王庆在其毕业论文《五星体育频道的节目现状及发

[1] 金莉萍.广电制播分离的发展回顾与展望[J].数码影像时代,2013,04:70-74.

[2] 喻国明,姚飞.制播分离模式的惑与解[J].中国传媒科技,2015,01:19-22.

展策略研究》中系统总结了五星体育频道的三个发展历程：初创阶段、拓展阶段和创新阶段。该文还对五星体育频道的新闻、赛事、栏目以及自办活动进行全面梳理，指出目前五星体育存在以下六个问题：节目编排不合理，体育新闻常遭砍削；奥运会版权受困；专题栏目形式僵化，缺乏创新意识；没有自有赛事资源，自办活动没有常规化；播出平台和体制的限制以及多媒体整合缺乏力度等。文章最后通过对五星频道受众和主要竞争对手的分析和发展、创新环境的研究，从宏观和微观上给出了未来五星体育频道的发展策略。[1]

综上所述，在中国广播电视制播分离改革和体育电视的格局这两方面，研究者们从国家政策、运行机制等不同角度阐述了中国体育电视的格局及制播分离的现状、存在的问题，并提出相应的对策，可查阅的文献、资料较多。但对目前中国广播电视管理体制对 CBA 联赛电视转播有哪些影响，制播分离改革在 CBA 联赛电视转播中处于一种什么情况，未来中国体育电视的格局会是什么样子等问题的研究较少。

2.4 关于篮球电视公用信号的
制作理念与形式的研究

杨斌、任金州主编的《体育赛事电视公用信号制作标准指南》一

---

[1] 王庆.五星体育频道的节目现状及发展策略研究[D].上海体育学院硕士论文,2010.

书中提到在 2004 年雅典奥运会和 2006 年多哈亚运会上我国体育电视兵团国际顶级赛事信号制作已圆满完成；该书作者结合亲身参与的赛事公用信号制作经验，分别以足球、篮球、排球、乒乓球、羽毛球、网球为具体案例，介绍每个项目的特点、场地、规则、设备配置、信号制作人员的岗位职责以及工作流程，对赛事信号的制作理念、制作标准以及制作技术等与体育赛事公用信号制作相关的问题进行了研究和比较详细的解读。[1]

硕士研究生孟威在其毕业论文《体育赛事的公用信号制作理念和标准研究》中，对奥运会公用信号制作的发展历程进行简单的梳理，分析了奥运会公用信号的制作理念和制作标准。认为公用信号就是要公正、平等地记载比赛的全过程，要体现运动员的主体地位以及复杂动人的情感体验。在核心理念"公正、平等与合理""运动、情感与美感"的基础上，孟威把体育赛事与举办城市和赞助商紧密联系起来，提出了赛事公用信号制作要体现城市特色，要体现赞助商利益的创新理念，以满足各方面的利益需求，避免观众对一般商业广告的腻烦心理。该文认为奥运会公用信号制作的成功来自对制作标准的每个细节的严格执行，并对电视制作区设置的标准化，工作流程的精细化，岗位分工的专业化，镜头、字幕运用的规范化和市场化都进行了详细的叙述。[2]

---

［1］ 杨斌,任金州.体育赛事电视公用信号制作标准指南[M].北京：中国传媒大学出版社,2007.

［2］ 孟威.体育赛事的公用信号制作理念和标准研究[D].北京体育大学硕士论文,2013.

杨斌在《解析体育赛事电视公用信号的创作》一文中认为国际电视公用信号创作的基础是信号制作的规范化与标准化,电视信号制作从"导播"形式到"导演"形式的更新给予导演更多的主动权和创作的使命;整个赛场跌宕起伏的场面要通过镜头的切换去概述体育比赛的全过程,讲述赛场故事。文中还分析了哪些因素保障了体育赛事电视公用信号的故事化创作,杨斌认为只有具备足够数量的先进设备、摄像机位的合理摆放、摄像师纯熟的综合业务能力以及导演统观全局的水平才能保证电视公用信号故事化的制作和戏剧化创作的实现。[1]

周铭铭、丁茜、申颜莉在《浅谈在体育比赛公用信号制作过程中如何更好传播"人文奥运"》一文中提出：电视公用信号的制作是展示"人文奥运"的最好舞台,"以人为本"是奥运会电视公用信号制作的核心,通过电视的信号制作和镜头的语言特写,可以展示奥林匹克运动的身体美、运动美、仪式美以及体育运动的和谐之美。"公平、公正、无偏见"是奥运会电视信号制作的灵魂,只有在信号制作过程中坚持这样的理念,公平、公正地对待每一位运动员、教练员甚至观众才能更好地传播"人文奥运"的奥林匹克精神。[2]

程志明在《浅谈奥运会电视国际公用信号制作理念和标准》一文中,介绍了 2004 年雅典奥运会期间中央电视台对乒乓球、羽毛球和

[1]　杨斌.解析体育赛事电视公用信号的创作[J].电视研究,2007,08：38－39.

[2]　周铭铭,丁茜,申颜莉.浅谈在体育比赛公用信号制作过程中如何更好传播"人文奥运"[J].体育科技文献通报,2006,06：32－34.

现代五项电视公用信号制作的标准化发展历程以及核心理念。程志明认为先进的电视公用信号制作标准的出现是历史的必然,并从信号制作队伍的组建、人员的管理、岗位的设置、工作流程的安排、镜头和字幕的使用以及电视信号区的搭建等各个方面向读者展示了奥运会电视公用信号制作的标准化。程志明认为奥运会电视公用信号标准的出现使得奥运会这样庞大的系统工程能顺利运营下去。[1]

郑燕青在《CBA 联赛福建晋江赛区电视公用信号制作技术方案》中根据福建晋江赛区的特点,以福建电视台高清转播车为基础,制订出了符合 CBA 联赛电视公用信号制作要求的技术方案。郑燕青作为电视台的工作人员亲自参与技术方案制订的全过程。该文从视频系统、音频系统到信号调试和储备的应急方案这四方面入手介绍此技术方案,简要地阐述了在制作过程中遇到的问题及解决的办法,最后提出先进的现代电视信号制作理念、技术、操作方式体现了电视转播的质量和水平,严格按照流程实施才能顺利地完成 CBA 联赛电视公用信号的制作。[2]

杨斌在《奥运理念指导下的电视公用信号制作特点》中分析了奥运会电视公用信号制作的理念,并总结出以下三个特点:专业化、市场化和国际化。该文深入分析了这三个特点,认为专业化是体育比赛电视公用信号制作的基础要求,专业化包括理念层面的专业化和

[1] 程志明.浅谈奥运会电视国际公用信号制作理念和标准[J].现代电视科技,2006,10:124.

[2] 郑燕青.CBA 联赛福建晋江赛区电视公用信号制作技术方案[J].东南传播,2015,03:141.

技术层面的专业化,"公正、公平"的理念,人性化的记录,岗位分工的专业化,工作流程的标准化、规范化都属于专业化的范畴;市场化有两个特点,即知名品牌的打造和对项目的有效营运;国际化是电视公用信号制作专业化和市场化发展的必然趋势,奥运会采用的"多国部队"模式越来越受到国际赛事的认可。最后该文建议我国的电视公用信号制作团队要多向欧美国家学习,且要在自己擅长的项目上精益求精,这样才能争取到更多的国际电视公用信号制作的项目。[1]

凌铠在《试论大型体育赛事电视公用信号制作的要素》一文中分析了影响国际大型赛事电视公用信号制作好坏的要素。他结合多年来参与大型体育赛事信号制作的经历,认为以下六大因素是制作公用信号的主要影响因素:(1)制作团队要熟悉体育项目;(2)打造专业的制作队伍;(3)制作队伍的内部成员要有合作的态度,务必树立团队精神;(4)制作过程中要遵循共识的理念和统一的标准;(5)为了便于沟通,与国际接轨,我国的制作人员需要掌握相关的英文专业术语;(6)在硬件设施方面我们还需加大投入。达到这些,才能保证一项大型体育赛事电视公用信号制作的高质量完成。[2]

程志明在《珍贵的文化遗传——北京奥运会和残奥会电视公用信号制作杂谈》中谈到了奥运会电视公用信号制作的现状和运营的模式。该文在比较了 2004 年雅典奥运会和 2008 年北京奥运会后指

[1] 杨斌.奥运理念指导下的电视公用信号制作特点[J].中国广播电视学刊,2007,07:11-12.

[2] 凌铠.试论大型体育赛事电视公用信号制作的要素[J].新闻世界,2009,10:105-106.

出,"欧洲军团"无论在参与的国家数量上还是参与比赛项目的信号制作难度上仍然具有强劲的优势和绝对的统治地位;中国制作团队从 1992 年巴塞罗那奥运会开始参与奥运会信号的制作,逐渐得到了国外同行和国际奥委会的好评和赞扬,在北京奥运会和残奥会上更是提前大量练兵、积累经验,从理念、标准、操作、流程、组织各方面严格执行,向全世界观众交上了一份令人满意的答卷。最后作者指出这份珍贵的文化遗产将会激励一代又一代中国体育电视人去追求和攀登更高的目标。[1]

高宇在《实时数据对于体育赛事公共信号制作的重要性分析》一文中从体育赛事转播中字幕数据的角度出发,简单介绍了电视字幕的发展历程,对我国体育赛事字幕制作系统的现状,字幕的制作过程、运用作出分析,并总结出特点。电视字幕不仅是对画面的解释,更是图像的主要组成部分,目前电视制作的关键是字幕信息与比赛画面的完美结合。文中还对赛前字幕、赛中字幕和赛后字幕的作用进行论述。该文认为只有注重体育电视转播图像的质量提高和加强字幕数据的制作,才能使画面生动美观,才能为观众提供更好的转播服务。[2]

综上所述,关于奥运会篮球公用信号制作理念有一些研究,但职业篮球联赛与奥运会篮球项目的区别较大,目的、性质也不完全相

[1] 程志明.珍贵的文化遗产——北京奥运会和残奥会电视公用信号制作杂谈[J].现代电视技术,2009,04:52-56.

[2] 高宇.实时数据对于体育赛事公共信号制作的重要性分析[J].科技传播.2015,15:31-33.

同,这方面的研究几乎没有,很少有学者通过亲自参与职业篮球联赛
电视转播的制作,总结归纳其制作理念;在 CBA 联赛电视转播形式
方面的研究,更多是针对篮球比赛外部形式的纪录片、宣传片,以及
对解说员、演播室等功能与作用的阐述。本书在此基础上,总结 CBA
联赛电视转播赛前、赛中、赛后的公用信号制作的统一流程、统一标
准及各岗位的现状、存在的问题。此外,根据篮球运动项目的特点提
出在比赛期间出现如跳球、犯规、暂停等情况,各机位该如何拍摄。

2.5　关于电视转播内容的研究

国内关于体育赛事电视转播内容的研究,有的从赛前节目内容、
体育比赛内容、中场秀和广告的角度以时间先后划分转播组成部分
来进行研究;有的从议题内容、报道倾向、评述形式、报道人物以及报
道区域等方面,从不同角度对赛事广播的创新提出了新的思路;还有
的从信息采集、内容整合、如何创办特色栏目等方面对如何让体育赛
事的内容叠加更立体、更有逻辑性提出了新要求。

王娟在其硕士毕业论文《美国超级碗比赛电视转播内容解析》中
对超级碗的电视转播内容进行研究分析。从赛前节目内容、体育比
赛内容、中场秀和广告这四个方面分别进行论述,通过纵向了解各部
分的发展状况并探究其影响因素,横向分析转播参与者的操作理念,
总结其操作特点、规律和影响。超级碗不仅电视转播参与者众多,转
播内容丰富且质优,而且还呈现出专业化和娱乐化的特质。超级碗

电视转播内容的设置与呈现以受众需求为中心,在超级碗电视转播内容的背后,其设置与操作同消费社会与大众文化之间呈现出明显的互动作用。文章最后为我国体育电视转播在传播理念、传播艺术、传播质量以及体育电视的娱乐化发展等方面提供了参考建议。[1]

硕士研究生方群杰在其毕业论文《北京电视台奥运栏目的内容分析——以谈话类节目〈身边〉为例》中,从议题内容、报道倾向、评述形式、报道人物以及报道区域这五个方面出发对《身边》节目的内容进行分析。该节目在议题内容方面主要以北京的传统文化、社会问题和社会风尚为主体,市民的衣食住行成为新闻报道的主流,报道人物涉及广泛;在评述方式方面呈现多样化,报道区域深入寻常百姓。在此基础上,该文进一步探讨了北京奥运会的举办对奥林匹克的宣传与推广作用,奥运会与北京的传统文化互动以及对北京城市形象的塑造,提出《身边》栏目通过展现北京市民的精神风貌让外界对北京城市留下了良好印象,通过宣扬传统文化已经构建了北京的城市形象。[2]

陈贺在其毕业论文《新浪网 NBA 频道篮球赛事传播发展研究》中,从新浪网 NBA 频道的传播页面、传播内容以及传播特色上进行分析,阐述了目前新浪网 NBA 频道篮球赛事传播的发展状况,总结其篮球赛事传播的规律和特色,在此基础上发现所面临的瓶颈,并找

[1] 王娟.美国超级碗比赛电视转播内容解析[D].北京体育大学硕士论文,2013.

[2] 方群杰.北京电视台奥运栏目的内容分析[D].北京体育大学硕士论文,2009.

出解决对策。新浪网 NBA 频道的传播信息量大而全、新闻时效性强、信息来源多元化整合性强、传播者和受众之间由互动关系逐渐转变为共动关系；但海量的即时信息导致无效化、碎片化传播的出现，在传播内容上过度娱乐化，篮球赛事视频报道存在质量不高，以及缺少良好社会荣誉度的篮球类精品栏目等问题。陈贺认为要提高采编人员素质，增强有效信息的传播力，要处理好商业化和导向性关系，要提高篮球赛事视频的报道质量、打造具有特色的篮球精品栏目，才能传播篮球赛事的报道，使篮球赛事的传播水平有所提高。[1]

　　综上所述，学者们对体育赛事电视转播内容的研究运用定性研究的方法较多，他们对体育比赛、赛事栏目、报纸等内容进行研究，但关于篮球电视转播内容研究的文献几乎没有。本书运用内容分析法对 NBA 与 CBA 篮球电视转播比赛画面的内容进行分析，以期找出两大联赛之间的差异，更好地为指导 CBA 电视转播服务。

2.6　关于电视转播电视制作的研究

　　目前，国内对电视转播制作的研究很多，尤其是对电视画面图文字幕、画面编辑、声效制作、慢动作回放，以及录制时的机位设置、镜头切换等相关问题在不同实际环境中进行了较为详细的定性探讨，

[1]　陈贺.新浪网 NBA 频道篮球赛事传播发展研究[D].沈阳体育学院硕士论文,2013.

为进一步实现电视转播制作的评价标准等定量研究提供了具有实践意义的理论参考，有利于完善电视转播制作整体研究框架。

许璐在其硕士毕业论文《电视字幕研究》中对电视字幕的概念、分类、作用等相关知识进行了简单介绍，从电视字幕中的语言问题和表现问题这两个方面出发，列举了当前电视字幕中存在的主要问题。当前电视字幕，在语言问题方面，主要存在有错别字、多字、漏字、误用词语、滥用网络词汇、滥用外语、标点不正确以及段落格式不明确等问题；在表现问题方面，主要有字幕位置问题、创作元素问题和字幕出入方式等问题。在此基础上，该文分析了产生这些问题的主客观原因，并在文章最后根据当前电视字幕中存在的问题，提出解决电视字幕问题的措施。许璐认为只有字幕的制作更规范、功能更全面、表现更多样、互动更及时，以及体系更健全，电视字幕才能更好地发挥自己的作用，为受众所用。[1]

许之民在其毕业论文《电视字幕的规范性研究》中，就当前各电视台对频道、栏目、节目进行包装改版的情况，对电视字幕目前的应用现状进行调查分析，找出产生这些问题的原因；在此基础上，文章结合视觉心理与电视媒体的特点就电视字幕的位置、色彩以及停留时间进行理论研究和实际测试，并提出相对的电视字幕规范。该文提出了电视字幕安全区的临界状态值，几种常见字幕的可视大小值以及字符容量值，对电视字幕色彩的规范进行了总结，并针

[1] 许璐.电视字幕问题研究[D].中国社会科学院研究生院硕士论文,2013.

对电视收视的特征对字幕出入技巧和停留时间进行讨论,以期给电视工作者参考。[1]

王栋、周伟、刘刚等人在《篮球比赛现场直播技术的进步》一文中介绍了 2002 年第 14 届世界女篮锦标赛电视直播的技术特点,尤其对现场声的拾取、慢动作回放、LOGO 画面扫画、场内记分与 24 秒倒计时等信息和播出字幕的完全同步技术的成功运用做出重点介绍。文章讲述了音频系统、视频系统在篮球现场直播中的运用,通过引入连云港赛区六场比赛的直播案例让相关工作人员对篮球比赛的规则、技术方案的制订、在比赛中的技术难点有了更深的了解,为今后市级电视台转播国家级、国际级篮球赛事提供了宝贵的经验。[2]

何志芳在《慢动作在体育比赛转播中的运用》一文中,以各种体育比赛项目为分析对象,主要叙述了慢动作在足球、篮球、网球、田径等项目中的运用。慢动作已经成为现代体育比赛转播不可或缺的一个环节,通过多角度、多机位的动作拍摄,能够给电视观众呈现精彩的画面回顾、赛后集锦和赛后评论的素材。作者认为,现代体育向着更高、更快、更强的方向前进,观众观赏比赛的能力也在不断提高,对全方位、多视角的精彩回放的需求也在日益增强,慢动作在体育比赛电视转播中的重要性不可小觑。[3]

[1] 许之民.电视字幕的规范性研究[D].上海师范大学硕士论文,2007.

[2] 王栋,周伟,刘刚,许国华.篮球比赛现场直播技术的进步——记 2002 年第 14 届世界女篮锦标赛转播[J].广播与电视技术,2004,06:57-60.

[3] 何志芳.慢动作在体育比赛转播中的运用[J].中国传媒科技,2014,04:64.

　　乔丽在《体育电视转播慢动作制作探析——以广州亚运会女子排球比赛转播为例》一文中，将自己作为电视台的慢动作操作员经历过的 2010 年亚运会 37 场女排比赛慢动作制作的经验进行整理。该文首先介绍了亚运会女排慢动作制作的设备、机位以及岗位的分工。其次，讲述了"慢一""慢二""慢三"在制作慢动作集锦中是如何相互配合的。乔丽认为慢动作是体育比赛转播中不可或缺的一个环节，慢动作的播放反映着编辑的思想，其中公平性和公开性很重要。[1]

　　李波在《大型直播体育节目的电视画面制作研究》一文中，从多年从事体育比赛直播电视画面制作的工作经验出发，认为无论是图文字幕、画面编辑还是声音制作，各方面缺一不可。文章简要介绍了第一画面的表现、图像资料和内容、图文字幕的制作、直播画面的长度、镜头画面的切换与组接、声像的协调搭配这六个方面，阐述了它们在直播体育比赛中的作用以及如何在体育比赛直播中发挥作用、应该遵循什么样的原理原则。最后李波认为，除了深入认识这六个方面之外，还需要对电视画面的编辑制作不断地学习和研究，通过实践经验总结方法，不断寻找节目的立意与创新，只有这样才能制作出越来越多的优秀节目。[2]

　　梁绍萍在《体育赛事直播镜头切换技巧探析》一文中认为要想转播一场精彩的体育比赛，导播在镜头切换时要遵循以下五个方面：

[1]　乔丽.体育电视转播慢动作制作探析——以广州亚运会女子排球比赛转播为例[J].东南传播,2011,02：120－122.

[2]　李波.大型直播体育节目的电视画面制作研究[J].西部广播电视,2014,04：61.

（1）用普通观众的审美需求研究和揣摩体育直播；（2）用艺术化的镜头切换处理和完善体育转播；（3）在体育比赛转播过程中，要客观、公平和平等；（4）掌握比赛项目规律，尽量按照比赛的节奏切换；（5）紧密结合"声画合一"的节目制作原则进行切换。只有认真做好这五个方面，才能使节目的视觉、听觉效果更好，观众收看体育赛事的兴趣更高，体育赛事的转播才能真正做到贴近群众、贴近实际、贴近生活。[1]

综上所述，学者们在电视字幕的分类、作用，规范电视字幕等方面的研究较多，对体育比赛电视字幕、慢动作、电视制作方面的研究较少，定性研究较多。本书在前人研究成果的基础上，用定量的方法研究、分析 CBA 联赛电视字幕、慢动作、电视画面出现的问题，以期对 CBA 联赛电视转播的电视制作做出准确的诊断。

---

[１] 梁绍萍.体育赛事直播镜头切换技巧探析[J].东南传播,2007,08：23－24.

3　研究对象与研究方法

3.1 研 究 对 象

本书以中国男子篮球职业联赛电视转播的发展历程、体制、理念、流程、标准及符号为研究对象。

3.2 研 究 方 法

3.2.1 文献资料法

通过中国期刊网、北京体育大学图书馆、国家图书馆以及电视转播的相关网站,以"CBA""电视转播""理念""体制""内容""形式""解说""电视公用信号"为关键词,检索和收集有关体育电视转播的文献资料,并对收集到的资料进行整理和分析,全面系统地掌握有关体育赛事电视转播方面的研究进展。同时,对与本研究有直接关系的经典书籍和重要文献、资料进行重点阅读,为确定研究重点、论证研究结果提供理论支撑。

3.2.2 专家访谈法

通过对中国知网、北京体育大学图书馆及鸿瑞新枫(北京)体育发展有限公司的内部资料进行收集和整理,结合研究的选题,找出现阶段 CBA 联赛电视转播存在的主要问题及影响因素,设计访谈提纲,依据访谈提纲中所提出的问题对北京体育大学篮球专业教师、传媒学专业教师、鸿瑞新枫(北京)体育发展有限公司及各转播 CBA 电视台的制作人员进行访谈,归纳当前职业篮球电视转播的理念、内容和形式,讨论目前 CBA 电视转播需要改进的部分,为深化本研究的观点提供帮助。

表1　访谈人员一览表

姓名	职称/职务	研究方向	单位/机构
马国力	中央电视台体育中心原主任	电视转播	中央电视台
许永	董事长	电视转播	鸿瑞新枫(北京)体育发展有限公司
耿晓卫	副总经理	转播设备	鸿瑞新枫(北京)体育发展有限公司
魏悦坤	信息部副总监	电视转播	鸿瑞新枫(北京)体育发展有限公司
宫平	新媒体业务总监	电视转播	鸿瑞新枫(北京)体育发展有限公司
熊晖	导播	电视转播	山东电视台
霍海泉	导播	电视转播	山西电视台
卢珏	导播	电视转播	广东电视台
王威	字幕导演	电视转播	广东电视台
高云英	导播	电视转播	辽宁电视台
关博涵	字幕导演	电视转播	辽宁电视台
黄博	导播	电视转播	天津电视台
程珊	字幕导演	电视转播	天津电视台
李亚京	导播	电视转播	北京电视台
林蒙	字幕导演	电视转播	北京电视台
周润一	导播	电视转播	吉林电视台
王朝胜	导播	电视转播	福建电视台
朱小平	导播	电视转播	杭州电视台
靳东河	导播	电视转播	深圳电视台
李元伟	国家体育总局篮球运动管理中心原主任	篮球	国家体育总局篮球运动管理中心
毕仲春	教授(博士)	篮球	北京体育大学
练碧贞	教授(博士)	篮球	北京体育大学
贾志强	教授(博士)	篮球	北京体育大学

(续表)

姓　名	职称/职务	研究方向	单位/机构
苗向军	教授(博士)	篮球	北京体育大学
陈志生	副教授	体育传播	北京体育大学
夏　天	讲师(博士)	体育传媒	北京体育大学

3.2.3　实地考察法

CBA 联赛 2013—2014 赛季至 2015—2016 赛季笔者在鸿瑞新枫(北京)体育发展有限公司兼职工作,曾实地考察 CBA 联赛 20 支俱乐部的若干场馆,具体了解当时 CBA 电视转播中各电视台的岗位设置,各体育场馆的灯光照明、机位数量等情况,并与一线电视公用信号的制作人员共同转播 CBA 比赛;在电视转播中,曾担任字幕导演、慢动作导演、现场导演和制片人的角色。此外,在 2016 年 CBA 季后赛,曾参加美国 ESPN 来华进行篮球电视转播的随赛培训,对当时 CBA 电视转播的制作现状中存在的问题进行准确的诊断。

3.2.4　内容分析法

内容分析法是一种以研究人类传播的信息内容为主的社会科学研究方法。[1] 本书在对 CBA 和 NBA 篮球职业联赛电视转播比赛

---

[1]　周翔.传播学内容分析研究与应用[M].重庆：重庆大学出版社,2014,132.

内容进行研究时,考虑到研究对象的同质性程度较高,采用非概率抽样的方法,选取 2014—2015 赛季 CBA 和 NBA 常规赛各 6 场比赛,季后赛各 12 场比赛,共 36 场比赛,通过对比赛画面多次慢放、回放、定格、计时等方式,力求准确记录 CBA 与 NBA 电视转播比赛画面内容景别使用的次数和时长,每场比赛的统计时间多达 6—8 小时(具体统计的比赛场次见附录)。

通过对 NBA 近 400 场比赛视频内容的观看,分析在篮球比赛各阶段如跳球、得分、换人、犯规等情况下,机位高度、角度和景别选择的使用情况,试图总结各阶段拍摄的规律。

此外,对 CBA 和 NBA 电视转播过程中,作为声音信息的重要"把关人"的电视解说员和评论员的解说内容进行文本研究。首先将解说员和评论员的解说内容转录或翻译出来,然后就解说内容的现场分析评论、现场同步说明、现场采访报道、背景介绍和空白五部分进行归类、比较分析,本研究选取 2014—2015 赛季 CCTV - 5 和 ESPN 解说 CBA 和 NBA 的各两场比赛录像。在 CBA 方面每场比赛的统计时间大约在 6 小时左右,NBA 方面由于需语言转换,每场比赛的统计时间大约在 22 小时以上(具体选取的比赛场次见附录)。

3.2.5　数理统计法

收集、整理 CBA 与 NBA 电视转播发展历程的相关数据,实地考察所记录的数据,并对 CBA 与 NBA 电视转播比赛画面内容、电视解说内容的统计数据进行处理和分析,以便客观、定量地对职业篮球电视转播的内容进行研究。

3.3 研 究 思 路

本研究遵循从实践到理论再到实践的逻辑思路,在对 CBA 电视转播中存在的问题进行深入细致调研的基础上,大量查阅有关电视转播体制、理念、内容、形式等方面的书籍、文献,深入探讨 CBA 联赛电视转播的宏观政策环境及其对电视转播质量的影响;借助传播学和符号学的相关理论,对 CBA 联赛电视公用信号的制作理念、流程与标准进行分析,规范各岗位的职责和要求,并从 CBA 联赛电视转播的画面、声音和字幕符号的现状入手,与 NBA 联赛的电视转播进行对比分析,重点研究电视转播比赛画面内容、篮球比赛不同阶段各机位的分工配合和电视解说与评论的解说方式;探讨信息在传播过程中,各环节把关人对信息产品的"把关"和"设置"过程,并针对 CBA 联赛电视转播中出现的问题,找出主要影响因素,提出解决办法,以期为 CBA 联赛电视转播质量的提高提供思路和方法。

4　研究结果与分析

4.1 相关概念的界定与研究的理论基础

4.1.1 相关概念的界定

4.1.1.1 电视转播的概念

根据《广播电视辞典》的词条,"转播"是指广播电台(站)、电视台转发其他台播出的节目,如安徽台转播春节联欢晚会,微信中转发别人的广播等;"直播"是广播电视节目的后期合成与播出同时进行的播出方式。[1] 在直播方式中,节目的后期合成过程就是节目的播出过程,它不经过事先录音或录像,而是同一时间内在现场或播音室、演播室中完成节目的制作和播出。按播出场合,直播可分为现场直播和播音室或演播室直播,如现场直播中美篮球对抗赛;而录播是指把广播、电视节目制作成录音或录像带在预定时间播送的节目播出方式。[2]

在欧盟理事会的相关文件中,对电视转播是这样定义的:"电视转播是指通过有线或无线,包括通过卫星首次播出电视节目,这些节目不管是编码的还是解码的形式,都是以被公众接受为目的。它包括企业之间以向公众转播为目的的节目信息传输,它不包括应个人的要求提供某项信息或其他信息的通信服务,如电子拷贝、电子数据

---

[1] 赵玉明,王福顺.广播电视辞典[M].北京:中国传媒大学出版社,1999,60.

[2] 贾缠周.中国男子职业篮球联赛(CBA)电视转播现状的研究[D].首都体育学院硕士论文,2010.

银行和其他类似的服务。"[1]从这个定义可以看出,首先电视转播无论以哪种形式,必须是首次播出,这里指与现场比赛等活动几乎同步的首次播出电视节目也就是现场直播,包括现场直播者把自己掌握的节目信息同时传输给其他机构并在第一时间播出,如地方电视台对每晚《新闻联播》的播出;其次以公众接受为目的,而不是以特定的个人接受为目的。

尽管这些概念不能混同,但在人们的实践运用中并没有严格的区分,在体育节目中还有"实况转播""现场转播""现场直播"等说法,本文所指的电视转播既有直播的意思也有转播的意思。

4.1.1.2 体育比赛电视转播权的概念和分类

体育比赛电视转播权的产生是与体育比赛电视转播相伴而生的,在现有的研究成果中对于体育比赛电视转播权的定义比较多,一般认为体育比赛电视转播权是指体育比赛组织者或者主办单位举办体育赛事或体育表演时,许可媒介机构向公众进行现场直播、转播、录播等并从中获得经济利益的权利。[2] 从西方成熟的体育电视市场来看,电视转播机构向体育比赛活动单位支付费用获得电视转播权,这些资金的获得是体育比赛能够顺利举办的主要收入之一。

根据国际惯例,就体育比赛自身内容而言,体育赛事的转播权主

---

[1] 徐炯宗.电视现场实况转播[M].北京:中国广播电视出版社,2012,15.

[2] 邹举.电视内容产业的版权战略[M].北京:社会科学文献出版社,2015,126.

要分为三类：新闻报道权、赛事画面集锦权和赛事转播权。[1] 一般来说，在新闻节目中使用赛事信号不得超过 3 分钟，并且必须在比赛 6 小时之后使用，如果电视机构播出 3 分钟以上的赛事画面，就需要购买新闻报道权；集中播出 15 分钟以上的集锦画面，就要购买赛事画面集锦权；而要对体育赛事进行电视转播，就需要购买赛事转播权。[2] 这三项转播权利并不重合，转播机构可以根据自身的需要，单独购买其中的一种或者两种，也可以全部购买。

对于同一场比赛的电视转播权，按电视媒体的不同性质，可分为有线电视播出版权（Cable Broadcasting）、无线电视播出版权（Broadcasting）和卫星电视播出版权（Satellite）等三类，以及互动电视、LD（激光视盘）、VCD、VHS（家用录像系统）等出版发行权。[3]

在电视版权的授权范围上，划分为地域版权、国家版权、洲际版权和全球版权，在版权授时上还划分为直播版权和延时录播版权。[4]

4.1.1.3 体育比赛电视转播的相关法律规定

一、国际奥委会对电视转播权的法律规定

在国际上，《奥林匹克宪章》首先对体育赛事的电视转播权进行了

［1］ 向会英,谭小勇,姜熙.反垄断法视野下职业体育电视转播权的营销[J].天津体育学院学报,
2011,01：62 - 67.

［2］ 宋海燕.中国版权新问题[M].北京：商务印书馆,2011,55.

［3］ 李清玲.NBA 电视转播权销售的研究[J].武汉体育学院学报,2006,05：29 - 32.

［4］ 康妮芝.我国体育赛事电视转播权的营销策略研究[D].武汉体育学院硕士论文,2008.

制度规范。20 世纪 60 年代之前,举办奥运会一直是赔本买卖,国际奥委会由于开销过大,几乎濒临破产;1956 年国际奥委会意识到电视对于奥运会的意义,在 1958 年,处在经济困境中的国际奥委会第一次将奥运会的电视版权写进了《奥林匹克宪章》,在宪章第 2 章第 11 条第 1 款明确规定:"奥运会是国际奥委会的一项独占财产,国际奥委会拥有与奥运会相关的所有权利和数据资料,特别是国际奥委会无限制地拥有与奥运会的组织机构、开发利用、广播与电视、录音录像有关的所有权利。"[1]第 49 条明确地划分了"体育"与"娱乐"之间的界限。奥运会现场直播是娱乐内容,国际奥委会是其转播权的唯一拥有者,由承办国组委会负责销售,所得收入按有关规定进行分配。第 49 条还对电视台播放奥运新闻进行了严格的限制:无论私人电视台还是电视网都可以播报奥运会,但是直接引用奥运会的现场内容不得超过 3 分钟。电视台或电影院可以在 24 小时内插播奥运会内容 3 段,每段 3 分钟,段与段之间至少还要相隔 4 小时。如果电视台播放的新闻越过了《奥林匹克宪章》规定的界限,就变成了"娱乐",需要另外交费。[2]

1972 年、1984 年、1990 年、1992 年和 1995 年国际奥委会又对电视转播权的内容进行多次修改,最终根据《奥林匹克宪章》第 2 章第 11 条明确规定,"奥林匹克运动会完全属于国际奥委会,国际奥委会拥有其中相关的全部权利,特别是,而且没有限制地涉及该运动会的组织、开

---

[1] 金瑞德.奥林匹克运动百科全书[M].北京:中央民族大学出版社,1999,78.

[2] 董杰.奥运会电视转播权的研究[J].体育文化导刊,2004,02:29-31.

发、转播、录制和复制等全部权利","有关奥林匹克运动会大众传播媒体的一切问题,包括发给和回收奥林匹克身份卡和注册证,属于国际奥委会执行委员会的权限"。[1] 这些都是得到各国法律的认可和保护的。

二、NBA 电视转播权的相关法律规定

在美国职业体育联盟的电视转播历史上,《谢尔曼法》和《体育转播法》对现在电视转播权的法律保护起到了决定性的作用。

《谢尔曼法》是美国国会 1890 年制定的第一部反托拉斯法,也是美国历史上第一个授权联邦政府控制、干预经济的法案。[2] 该法规定:凡以托拉斯形式订立契约、实行合并或阴谋限制贸易的行为,均属违法,旨在垄断州际商业和贸易的任何一部分的垄断或试图垄断、联合或共谋犯罪。违反该法的个人或组织,将受到民事的或刑事的制裁。[3] 当时除了美国职业棒球联盟享受"棒球豁免"外,其他职业体育联盟都因触犯《谢尔曼法》而受到法律制裁,其中包括对职业体育赛事电视转播权销售制度的相关规定。

随着职业体育联盟的发展,电视转播权的出售成为联盟生存的主要收入,但联盟集中出售电视转播权的行为被认为是违反了《谢尔曼法》。1961 年,为了推进职业体育联盟的发展,美国专门出台了《体育转播法》,给予 NBA、NFL(美国职业橄榄球大联盟)、MLB(美

---

[1] 董杰,刘新立.奥林匹克营销:理论、实践与反思[M].北京:经济科学出版社,2015,80.

[2] 李金宝.体育赛事转播权法律性质认定的困境[J].电视研究,2015,10:28.

[3] 王建国.NBA 制衡机制研究[J].体育科学,2006,09:86-95.

国职业棒球大联盟)、NHL(北美职业冰球联赛)在反托马斯法下的特殊待遇,此法案的颁布对于职业体育联盟体育赛事转播权出售产生了重要的影响。

1976 年美国国会通过的《版权法》,明确了职业体育联盟的节目可以享有联邦政府的版权法保护,这使得邻接权意义上的体育比赛电视转播权有了法律依据。[1] 美国《版权法》的第 110 条是关于独占权限制的,规定对某些表演和展览不享有独占权的情况,而此条的第 5 款 B 项中的规定是例外情形,即应享有独占版权的情形:"由某一机构进行的包含非戏剧音乐作品的表演或展览的目的在于让一般公众接收的直播或转播的信息传输,而这种通信传输源于联邦通信委员会这样的机构许可的广播或电视台。"[2]从这里可以看出,电视台进行直播的节目信号或转播其他电视台直播节目的信号是受美国版权法保护的。有文章据此认为"从根本上确定了保护体育赛事电视转播权的法律依据"。

4.1.2 研究的理论基础

4.1.2.1 控制论与信息论

"控制论"一词最初来源希腊文"mberuhhtz",原意为"操舵术",

[1] 汪全胜,戚俊娣.体育赛事电视转播权转让的法律关系[J].武汉体育学院学报,2011,7:13.

[2] 张玉超.体育赛事转播权法律性质及权利归属[J].武汉体育学院学报,2013,11:40-46,58.

就是掌舵的方法和技术的意思。[1]　1948年,诺伯特·维纳发表了著名的《控制论——关于在动物和机器中控制和通信的科学》一书,从此,控制论的思想和方法已经渗透到了几乎所有的自然科学和社会科学领域。在控制论中,"控制"的定义是:为了"改善"某个或某些受控对象的功能或发展,需要获得并使用信息,以这种信息为基础而选出的、于该对象上的作用,就叫作控制。[2]　在传播学领域,作为大众传播学五个环节之一的控制研究是很多学者一生的研究重点。从宏观控制层面看,主要研究电视传播与社会控制的关系,传播主体的性质和体制,不同的国家决定着不同的传播体制,在不同的体制下又决定不同的传播机构性质,作为传播主体是如何按照传播指导思想对传播内容实施有效的控制。[3]　本文主要研究中国体育电视的宏观政策环境对CBA联赛电视转播的影响及在其体制下形成的体育电视竞争格局。从微观控制层面,在信息传播过程中,作为传播主体的记者、编辑、摄像师、导演等职业人员是如何选择、梳理、加工和传递信息内容的。

信息论的创始人是贝尔电话研究所的数学家香农,他为解决通信技术中的信息编码问题,把发射信息和接收信息作为一个整体的通信过程来研究,提出通信系统的一般模型;同时建立了信息量的统

[1]　徐政旦.内部控制论[M].沈阳:辽宁人民出版社,1998,6.

[2]　汉肯著,黎鸣译.控制论与社会——关于社会系统的分析[M].北京:商务印书馆,2005,32.

[3]　石长顺.电视传播学[M].武汉:华中科技大学出版社,2014,57.

计公式,奠定了信息论的理论基础。1948 年香农发表的《通信的数学理论》一文,成为信息论诞生的标志。[1] 信息科学是以信息为主要研究对象,以信息的运动规律和应用方法为主要研究内容,以计算机等技术为主要研究工具,以扩展人类的信息功能为主要目标的一门新兴的综合性学科。[2] 在传播学领域中,信息传播不是在真空的环境中进行的,受到众多外在或内在因素的影响和控制,而控制的实质是对传播内容的信息控制,各国传播制度、传播体制的核心也都是要控制传播内容。本书集中研究 CBA 和 NBA 比赛画面内容、解说内容、各机位拍摄内容等信息情况,力求总结出篮球职业联赛电视转播的理念,更好地为 CBA 联赛的电视转播服务。

4.1.2.2　电视传播的符号学理论

符号学是人类有关意义与理解的所有思索的综合提升,符号学就是意义研究之学。[3] 它是 20 世纪形式论思潮之集大成者,从 20 世纪 60 年代起,所有的形式论均归结到符号学这个学派名下,叙述学、传播学、风格学等,都是符号学的分科。传播符号学就是运用符号学的方法研究传播现象、解答传播问题的学科。关于符号的定义有很多种,符号学大师皮尔斯将其概括为"符号或符

［1］　王江火.统一信息论[M].北京：中国政法大学出版社,2012,5.

［2］　李亦农,李梅.信息论基础教程[M].北京：北京邮电大学出版社,2009,31.

［3］　弗兰基·哈顿.文化史和符号学[M].北京：北京大学出版社,2015,7.

号媒介是某种对某人来说在某一方面或以某种能力代表某一事物的东西"[1];巴尔特认为,符号即"有意义地代替另一种事物的东西"[2];我国学者邵培仁认为"符号是表达或负载特定信息或意义的代码(如语言、文字、图像等)"。[3] 不管如何界定,符号都是传播的基础,"世界上没有离开符号而单独存在着的信息",这是理解传播问题的关键。

从传播符号学的观点看,传播是人类通过符号的交换实现相互理解、达成共识的手段,而传播效益的提高则需要基于特定编码规则的符号运用策略。[4] 电视传播符号是电视文化传播得以实现的基础,在传播学中,倾向于使用瑞士语言学家索绪尔的二分法,将符号分为语言符号系统和非语言符号系统[5],其中语言符号系统包括声音符号和字幕符号,非语言符号系统主要包括图像符号和音响符号,具体分类如图2所示。正是依靠这些符号的传播,电视文化才能得到广泛的传播,价值才得以充分体现。在本书所研究的 CBA 联赛电视转播主要就是通过对 CBA 联赛的比赛画面、解说内容与字幕的研究,找出影响 CBA 联赛电视转播质量的因素并加以解决,因此,电视传播学中的符号学理论是本研究的基础理论之一。

[1] 皮尔斯.皮尔斯文选[M].北京:社会科学文献出版社,2000,11.

[2] 巴尔特.符号学原理[M].北京:中国人民大学出版社,2008,3.

[3] 邵培仁.景观:媒介对世界的描述与解释[J].当代传播,2010,04:4-7,12.

[4] 余志鸿.传播符号学[M].上海:上海交通大学出版社,2007,7.

[5] 胡易容.传媒符号学:后麦克卢汉的理论转向[M].苏州:苏州大学出版社,2012,12.

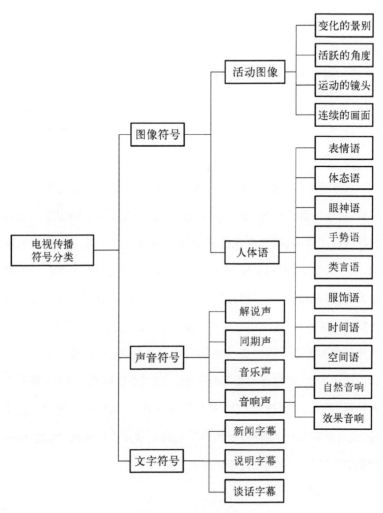

图 2　电视转播的符号分类

4.1.2.3　新闻选择的"把关人"理论

"把关人"这个概念,最早是美国社会心理学家、传播学的奠基人之一库尔特·卢因提出来的。1950年,传播学者怀特将这个概念引进新闻研究领域,明确提出了新闻筛选过程中的"把关"模式,这个模式说明:社会上存在着大量的新闻素材,大众传媒的新闻报道不是也不可能是"有闻必录",而是一个取舍选择的过程,在这个过程中,传媒组织形成了一道"关口",通过这道"关口"传达到受众那里的新闻只是众多新闻素材中的少数。[1]

后来不少学者在怀特学说的基础上指出,新闻选择过程中的"把关人"并不只有一个,记者是"把关人",决定着哪些素材应该写成新闻稿;编辑是"把关人",决定着哪些新闻稿应该刊播;编审和总编是"把关人",决定着哪些内容应该成为重要新闻;导播、制片人、摄像师都是"把关人",决定着把哪些信息传播到电视观众眼里等。[2] 可见,"把关人"理论对我们理解大众传媒在传播中的作用具有重要的意义。

一、从"把关人"理论视角看赛事过程的控制

在整个CBA联赛的电视转播过程中,"把关人"理论的运用贯穿于整个赛事。一般意义上看,解说员和评论员、导播和摄像师是主要"把关人"。依靠这两类"把关人"对CBA联赛电视转播的把握,整个比赛转播过程中的新闻事实都被筛选和把关,传递给受众的新闻内容具有很强的导向意义。

---

［1］ 郭庆光.传播学教程[M].北京:中国人民大学出版社,2011,55.

［2］ 郭庆光.传播学教程[M].北京:中国人民大学出版社,2011,43.

第一类是解说员和评论员等现场"把关人"。在 CBA 比赛过程中,解说员和评论员应具有导向意识、审美意识和比赛意识。他们以个人的身份出面,代表着整个直播节目的制作群体,运用其有声语言的组织和串联解说比赛。解说员和评论员是最直接和最活跃的情感交流中介,是整个直播过程中对比赛进行最积极和最适宜的承上启下、组织串联的主导人物。

在 CBA 2014—2015 赛季总决赛第二场比赛过程中,解说员对于开场双方运动员的介绍,就加入了一些个人情感色彩的词语,开场首先简单介绍了上一场比赛的结果,然后开始本场比赛的解说,并根据个人的表现来进行联想。例如孙悦进球后,解说员立马讲解到上一场孙悦在第一节抢到 5 个篮板,突出辽宁队上场比赛糟糕的攻防状态。由于辽宁队上场比赛的输球情况,再加上本场比赛的主场在辽宁,所以解说员还是在整体把握上偏重于辽宁队,对比赛的情况进行有倾向性的表述。

第二类是导播和摄像师这一类表达方式"把关人"。主要通过 8—10 机位的摄像师给予不同的景别内容、大小和时长,结合了导播的切换效果,将电视基本的镜头语言和"推拉摇移"的方式进行了整体呈现,来完成赛事的直播叙事。在表达不一样的比赛情况时,导播会将不必要的画面切换下去,选择可以正面表达其真实效果的画面。CBA 比赛过程中,突发现象较多,需要导播和摄像师对于整个比赛的过程有很强的了解和掌控力。

在 CBA 2014—2015 赛季总决赛第五场比赛过程中,对于每一

节由前场向后场的运球过程,一般导播都会切给全景镜头。随着
比赛的进展,具体的要求也在发生变化,当贺天举远投 3 分球时,
导播立马切换 3 号机位的特写镜头。对一些关键球的得分和关键
球员的特写镜头是根据比赛的进程来进行切换的。摄像师在比赛
过程中对于比赛细节的抓取也是有选择性的,同样是一个 3 分球,
10 个机位的摄像师所拍出来的景别效果完全不一样。可以说,差
异越大,导播可选择的面也就越广。就 CBA 联赛电视转播比赛画
面内容和各机位拍摄画面内容的分析在文章的后面章节将做重点
研究。

二、从"把关人"理论视角看赛事主题的表现程度

一场 CBA 比赛,不仅仅只是双方比赛的一个结果,还涉及球队
的教练员、运动员、球迷、观众及球队文化等。在"把关人"理论运
用的过程中,主要是依靠基本的镜头语言和导播的切换进行事实
的叙事。

下面根据 CBA 联赛 2014—2015 赛季总决赛第四场比赛画面的
基本情况进行简要分析。

表 2 CBA 2014—2015 赛季总决赛第四场比赛画面分析表

时间(分、秒)	景别	机位拍摄手法	解 说 词	内 容
26 分 18 秒— 26 分 34 秒	全景	3 号机位从左往右 移动	辽宁队抢到篮板开始 反击	辽宁队抢到后场篮板 球,并将球运至前场
26 分 35 秒— 26 分 38 秒	近景	5 号机位拉近的移动 拍摄	我们一起来看看辽宁 队的这一次进攻	辽宁队 14 号哈德森在 3 分线外准备突破
26 分 38 秒— 26 分 41 秒	全景	3 号机位的固定拍摄	给到韩德君,单打莫 里斯	辽宁队进攻突破到篮 筐下

（续表）

时间（分、秒）	景别	机位拍摄手法	解 说 词	内 容
26 分 41 秒— 26 分 42 秒	特写	7 号机位的固定拍摄	韩德君单打莫里斯	韩德君一边运球一边寻找传球队员
26 分 41 秒— 26 分 59 秒	全景	3 号机位从右往左的移动	北京队马布里抢断反击	北京队抢到球，反击得分
26 分 59 秒— 27 分 01 秒	特写	8 号机位的固定拍摄	莫里斯为北京队追上 2 分	给进球后莫里斯的特写镜头
27 分 01 秒— 27 分 03 秒	特写	8 号机位的固定拍摄	李根传球助攻给了莫里斯	给助攻球员李根的特写

  通过对比赛过程画面视听语言的拉片分析，可从中获得"把关人"理论在 CBA 赛场上的实际运用，对一个关键分的取得，对全场紧逼和紧接着的反击，一般运用全景来进行基本表达。对运动员进球以后给予的特写镜头也都是"把关人"对于信息选择的一个重要体现。选择什么样的话语，选择什么样的镜头，选择什么样的景别，选择什么样的机位都是由这一类"把关人"来进行判断的，所呈现的都是能够客观全面地表达比赛事实全过程的基本画面。此外，通过拉片分析，以篮球的跳球、半场阵地进攻、快攻、得分、违例、犯规、暂停、罚球、换人、压哨球等为基本元素，每位摄像师具体如何使用 8—10 个机位，将在后面章节做重点研究。

4.1.2.4 议程设置理论

  "议程设置功能"作为一种理论假说，最早见于美国传播学家麦库姆斯和肖于 1972 年在《舆论季刊》上发表的一篇论文，题目是《大众传媒的议程设置功能》。"议程设置功能"理论所考察的，不是某家媒介的某次报道活动产生的短期效果,而是作为整体的大众传播具有较长时间跨度的一系列报道活动所产生的中长期的、综合的、宏观的社会效果。[1] 这里着眼的是传播媒介的日常新闻报道和信息传播活动所产生的影响。

"议程设置功能"理论暗示了这样一种媒介观,即传播媒介是从事"环境再构成作业"的机构,也就是说,传播媒介对外部世界的报道不是"镜子"式的反映,而是一种有目的的取舍选择活动。[2] 就电视传播而言,它的"热点化效果"比较突出,在电视转播中,会挑选出"议程"中若干最主要的"议题"加以突出强调。这一理论从考察大众传播在人们的环境认知过程的作用入手,为重新揭示大众传媒的有力影响起到重要作用。[3]

在 CBA 电视转播过程中,主要是通过转播的画面设置来表现出具体议题。最大的议题就是当场比赛的具体比分和输赢情况,第二类议题就是整场比赛过程中运动员的表现和教练员的临场指挥及裁判员的执裁情况,第三类议题是球迷和观众及篮球文化的建构。通过这些议题的设置来完成对 CBA 联赛的电视转播。下面根据 CBA 2014—2015 赛季总决赛最后一场比赛画面的基本情况进行简要分析。

---

[1] 任光耀.体育传播学[M].北京:高等教育出版社,2004,74.

[2] 任光耀.体育传播学[M].北京:高等教育出版社,2004,75.

[3] 赛佛尔,坦卡德等.传播理论:起源、方法与运用[M].郭镇之等,译.北京:中国传媒大学出版社,2006,40.

表3 CBA 2014—2015 赛季总决赛第六场比赛画面分析表

时长(秒)	景别	机 位	解 说	画 面 内 容
10秒	全景	3号机位	开场基本介绍	跳球,开始比赛
6秒	特写	8号机位	开场队员介绍	辽宁队球员的特写
2秒	特写	6号机位	介绍上场基本情况	北京队运球特写
8秒	全景	3号机位	介绍上场比赛情况	北京队进攻到前场
4秒	近景	5号机位	北京队传给孙悦	北京队得分情况
1秒	特写	7号机位	"莫里斯好样的"	北京队莫里斯抢到篮板球
8秒	全景	3号机位	辽宁队组织反攻	辽宁队进攻到前场

通过表3可以发现:第一,每一种景别都有其特定的含义存在,从特写到全景到远景,每一种景别都根据其在画面中不同的表现代表着一定的表达含义。第二,每一个景别并不是单一存在的,根据需要表达的画面,将多个基本景别排列在一起,形成一系列画面来完成一个片段的表达。第三,每个景别之间的对接,没有固定的规矩和套路,根据每一个不同的事实进行编辑形成不一样的信息。第四,画面机位与镜头景别一样,都有自己本身所包含的特点含义,每一个不同的画面机位,代表不一样的信息码。第五,画面机位可以是一个单一的片段,也可以是多个画面结合在一起形成一个片段,不同的画面机位的有机组合形成了基本的转播画面。正是通过对信息的议题设置,才能有目的地取舍信息,加强对明星球员、教练员、替补席等篮球元素的"热点化突出",更好地为 CBA 联赛的电视转播服务。

4.2 NBA 与 CBA 电视转播的历史沿革

4.2.1 NBA 电视转播的发展历程

篮球运动于 1891 年由美国教师詹姆士·奈·史密斯博士发明,经历了 120 多年的发展,已成为世界人民喜闻乐见的一项运动。NBA 是有着 70 多年历史的职业体育联盟,它不仅在篮球赛事中,甚至在与世界其他职业运动赛事的比较中,都可算得上运营最成功的职业体育联盟之一,也是其他体育联盟仿效和追赶的对象。纵观 NBA 的发展,NBA 的成功,与电视转播的制作、播出、开发和销售都有着紧密的联系。NBA 前总裁大卫·斯特恩说过:"如果没有电视,就不会有 NBA 的今天。"[1]这绝非言过其实。

从历史上看,最初的 NBA 没有过多的商业元素,在 1941 年哥伦比亚旗下的 CBS 电视网和 NBC 集团旗下的 NBC 电视网开始商业电视转播时,美国各大电视台转播 NBA 比赛没有付过一美元,可以说 NBA 是免费为电视台提供体育比赛节目。然而,随着 NBA 联赛的不断发展,电视转播费对 NBA 联盟来说越来越重要,高额电视转播权的出售成为联盟盈利的主要来源之一,下面以年代顺序梳理各阶

---

[1] 张雄.NBA 50 年[M].北京:人民体育出版社,1997,21.

段 NBA 电视转播的发展情况。

4.2.1.1　20 世纪 50 年代的 NBA 电视转播

在 20 世纪 50 年代初期,俱乐部的老板们并不愿意将职业篮球赛事搬上电视荧屏,原因很简单:电视转播会减少来现场看球的观众人数。时任密歇根体育指导主任的克莱斯勒,曾对他的队员说过这样的话:"我们必须把电视扔掉,录像会严重影响我们的收入,我们必须现在就行动起来。"[1] 当时俱乐部的主要收入是门票收入,电视广播公司也没有计划去转播职业体育赛事。到 20 世纪 50 年代中期,美国社会处于相对稳定和繁荣的时期,随着种族隔离的不断打破,黑人球员为 NBA 注入了新鲜的血液,黑人球员先天的运动素质、个性张扬的比赛风格使得 NBA 比赛更加精彩激烈,吸引了越来越多的观众,NBA 联盟逐渐意识到电视转播的重要性。美国杜蒙电视广播公司成立于 1946 年,它最早开始有规律地播放足球和篮球比赛,在 1953—1954 赛季,NBA 将电视转播权卖给了杜蒙电视广播公司,当年虽然仅转播了 13 场比赛,象征性地收取 3.9 万美元,但是却使人们第一次通过电视转播观看了 NBA 比赛。这是历史上第一次在全美直播 NBA,由此开启了电视转播的先河。随后 NBA 与 NBC(美国全球广播公司)签订了从 1954—1955 赛季到 1961—1962 赛季为期 7 年的转播合同。[2]

［1］　苏群.NBA 宝典[M].珠海:珠海出版社,1997,63.

［2］　Allison Romano. Cameras on the court[J]. *Technology*. 2010, 8:15.

这一阶段的电视转播对 NBA 的发展至关重要,当时的 NBA 还
只是一个小联盟,远不如棒球、冰球受关注,甚至还不如大学生篮球
联赛受欢迎。电视转播的介入使更多的受众看到了 NBA 的比赛,同
时认识了经过电视包装的 NBA 篮球明星,使 NBA 的影响力有了初
步的提高。当时有很多大城市开始组建球队并向 NBA 总裁普多洛
夫提出"扩军"申请,普多罗夫把这一切归功于电视转播。他说:"其
他城市加入 NBA 的想法都是有了电视转播后突然产生的。"[1]然
而,20 世纪 50 年代的 NBA 电视转播只是处于试验阶段,比赛中过多
的犯规、中断比赛和最后时刻过多的罚球几乎扼杀了 NBA 电视转播
的未来。当时的 NBA 虽然没有从电视转播那里获得较多的商业利
润,但已经表现出很强的发展潜力。

4.2.1.2 20 世纪 60 年代的 NBA 电视转播

1960—1961 赛季结束后,NBC 对 NBA 的电视转播状况不满意,
拒绝与 NBA 续约,电视转播被中断。1963—1964 赛季前,第二任
NBA 总裁沃尔顿·肯尼迪上任,他意识到电视转播对 NBA 意味着
什么,于是开始与 ABC(美国广播公司)洽谈合作,最终达成了正
式合作协议。ABC 答应每年给 NBA 650 000 美元的转播费,从此
NBA 电视转播权的销售进入缓慢增长的阶段。随着 NBA 的不断

[1] Jan Chovanec. It is quite simple, shifting forms of expertise in Tv documen documtaries
[J]. *Discourse*. 2014, 4:34.

扩军,尤其在拥有最大媒体市场的芝加哥建立了公牛队、纽约尼克斯把主场移到了更大的球馆麦迪逊广场以后,NBA 的影响力迅速扩大,面对这种发展势头,ABC 也提高了购买价格,到达每年 100 万美元的水平,而到 1964—1965 赛季,NBA 的电视转播权销售达到 150 万美元。[1]

总的来说,20 世纪 60 年代美国受到越战失败、水门事件以及当时整个社会经济萧条的影响,虽然这一阶段的电视转播费用处于缓慢增长的状态,但是整体转播环境还是不容乐观的。

4.2.1.3 20 世纪 70 年代的 NBA 电视转播

进入 20 世纪 70 年代后,NBA 与 ABC 的关系开始破裂,其中一个很重要的原因是 ABC 未能提供 NBA 所期待的收入。NBA 官员认为,NBA 在这个时代的电视转播不应该如此暗淡,尤其是总决赛没有受到他们所期望的热烈追捧。[2] 在 1969 年,NBA 与 ABC 的转播合同是 300 万美元,而 ABC 和 MLB 的转播价格是 1 650 万美元,两者相差 5.5 倍;而 CBS(哥伦比亚广播公司)与 NFL 的转播价格是 2 200 万美元,与 NBA 的差距更是达到 7.3 倍之多。[3] 此外 NBA 对 ABC 的报道很不满意,他们认为 ABC 没有创造出更好的电视节目来

[1] Baysinger. You will never miss that game again[J]. *EN*. 2012, 7: 21 – 24.

[2] John Hollinger. *Pro Basketball Forecast 2004 – 2005* [M]. Brassy Sports. 2003.

[3] Umstead. Seeing the whole field at university[J]. *Proquest Journal*. 2011, 12: 31 – 32.

填充比赛的中场休息时间和空闲时间,同时 ABC 用转播足球的方式去转播篮球,不能及时快速地抓住篮球场上的细节和精彩的表演,镜头跟不上球员和教练,解说更多是对球队老板和 NBA 官员的恭维之辞。

1973—1974 赛季,NBA 选择与 CBS 合作,CBS 花费了 2 700 万美元买下了 NBA 3 年的电视转播权。当时的电视转播由于技术设备原因,只能播放比赛录像,CBS 开始聘请专职的 NBA 评述员,并在球队席位安装麦克风,让观众可以在球队暂停时间听见球员和教练的声音,同时利用中场时间向观众宣传篮球运动。经过两个赛季的努力,NBA 的电视转播开始有了明显变化,吸引到越来越多的电视观众,电视转播费也有了明显增长,到 1975—1976 赛季 NBA 电视转播费用已经达到了 1 050 万美元。

然而,好景不长,在随后的赛季里,NBA 的收视率出现了严重下滑。究其原因,首先是受到高中篮球联赛和 NBC 转播的大学生篮球联赛的“威胁”,全美国电视台转播这两个联赛的节目很多,严重地冲击了 NBA 的收视率。其次,作为美国电视转播市场最大的五个城市——纽约、芝加哥、洛杉矶、波士顿和旧金山的球队在 NBA 根本算不上强队,而能够进入总决赛的常常是波特兰、费城、西雅图等城市的球队。小市场的球队总是进入季后赛和总决赛,这严重影响了电视台的转播热情。第三,由于 NBA 超级巨星如张伯伦、拉塞尔等的退役,加上 NBA 自身再次出现种族问题,导致 NBA 的负面新闻铺天盖地,电视转播遭到以白人为主导的美国主流社会的抵制,最终出现总决赛甚至只能以录像的形式延迟播出的局面。

总的来说,20 世纪 70 年代的 NBA 大部分球队受到负面新闻和经济困难的重创,面临球员工资高涨、劳资关系紧张、黑人球员的种族冲突等等问题,处于十分困难的境地,使得 NBA 在 20 世纪 70 年代面临着严峻的挑战和考验。

4.2.1.4 20 世纪 80 年代之后的 NBA 电视转播

进入 20 世纪 80 年代以后,NBA 电视转播发生了巨大的变化。1984 年,大卫·斯特恩接替奥布莱恩担任 NBA 第四任总裁,在他担任总裁的 30 年时间里,他改进选秀制度、加强对毒品和兴奋剂的监管、注重 NBA 品牌的打造与维护、大力包装明星球员,先后推出迈克尔·乔丹、"魔术师"约翰逊、拉里伯德等,被媒体誉为"黑白双雄",赚足了眼球。1992 年组建的第一支征战奥运会的"梦之队"也是斯特恩将 NBA 篮球推向世界的重要战略计划之一。这一时期的变化使得 NBA 联盟的电视转播权销售发生了质的飞跃,NBA 与 CBS 又连续续约了 4 次,到 1986—1987 赛季,转播费用涨到 4 年 1.73 亿美元,首次突破亿元大关。1990—1991 赛季,NBA 把电视转播权卖给了 NBC 和 TNT(特约电视网)两家电视台,价格为 2.18 亿美元。1998—1999 赛季到 2001—2002 赛季,NBA 把电视转播权出售给 NBC 和 TNT,价格为 26.4 亿美元(每年 6.6 亿美元)。随后在 2003 年,由于转播价格上的分歧,NBA 就此与合作了 12 年的 NBC 分手,

选择了开价更高的三家买主,大卫·斯特恩以 46 亿美元的价格与
ESPN(娱乐与体育电视网)、ABC 和 TNT 签约,同时 NBA 还与时代
华纳共同开发了一个新的体育频道。随着 2008 年美国"梦八队"在
北京奥运会夺得奥运会男篮冠军、NBA 造星运动和战略的不断扩
张、国际球员在 NBA 赛事场上的不断出现,NBA 的影响越来越大,
体现在电视转播费上出现了突破性的持续增长,从 2008—2009 赛季
到 2016—2017 赛季,NBA 将电视转播权以 9 年 240 亿美元卖给了
ESPN 和 TNT,其中 ESPN 每年支付 14 亿美元,TNT 每年支付 12 亿
美元。[1] NBA 历年电视转播价格如表 4、表 5 所示。

表 4　NBA 电视网的转播价格

赛　季	电 视 网	合 同 价 格
1953—1954	DuMont(杜蒙特)	3.9 万美元/13 场比赛
1954—1955 到 1961—1962	NBC	无
1962—1963 到 1972—1973	ABC	无
1973—1974 到 1975—1976	CBS	2 700 万美元/3 年
1976—1977 到 1977—1978	CBS	2 100 万美元/2 年
1978—1979 到 1981—1982	CBS	7 400 万美元/4 年
1982—1983 到 1985—1986	CBS	8 800 万美元/4 年
1986—1987 到 1989—1990	CBS	1.73 亿美元/4 年
1990—1991 到 1993—1994	NBC	6 亿美元/4 年
1994—1995 到 1997—1998	NBC	7.5 亿美元/4 年
1998—1999 到 2001—2002	NBC	17.5 亿美元/4 年
2002—2003 到 2007—2008	ABC	24 亿美元/6 年

[1]　Tim Baysinger. NBA TV Partners Are Ready For More Net Gains[J]. *Programming Strategy*,
2013, 7: 15 - 17.

表 5   NBA 有线电视的转播价格

赛　季	电　视　网	合　同　价　格
1979—1980 到 1981—1982	USA(美国电视网)	150 万美元/3 年
1982—1983 到 1983—1984	USA/ESPN	1 100 万美元/2 年
1984—1985 到 1985—1986	TBS(特约广播公司)	2 000 万美元/2 年
1986—1987 到 1987—1988	TBS	2 500 万美元/2 年
1988—1989 到 1989—1990	TBS/TNT	5 000 万美元/2 年
1990—1991 到 1993—1994	TNT	2.75 亿美元/4 年
1994—1995 到 1997—1998	TNT/TBS	3.52 亿美元/4 年
1998—1999 到 2001—2002	TNT/TBS	8.9 亿美元/4 年
2002—2003 到 2007—2008	TNT/ESPN	22 亿美元/6 年
2008—2009 到 2016—2017	TNT/ESPN	240 亿美元/9 年

4.2.1.5　NBA 电视转播的主要媒体

目前，NBA 主要通过电视媒介将每天的比赛、新闻消息传播到世界各个角落，带进每一个家庭。有美国三大广播电视公司（NBC、CBS、ABC）、TNT、ESPN、TBS、FOX（福克斯）卫星电视以及30 支球队所在城市的当地电视网，此外还有加拿大电视网、台和全世界 109 个固定播出 NBA 节目的各国和地区电视网、电视台。[1]如表 6 所示。

表 6   NBA 电视转播的主要媒体

美国全国电视网	美国地方电视台	其他国家和地区
ABC、CBS、NBC、FOX、ESPN、TNT、TBS	NBA 各球队所在城市的地方电视台	加拿大电视网、电视台以及全世界 109 个国家和地区的电视网、电视台

[1]   Jennings Bryant. *Sport And Media In The US*[M]. Billboard Books, 2013.

4.2.2 CBA 电视转播的发展历程

中国篮球协会成立于 1956 年 6 月,简称"中国篮协",英文名称为"China Basketball Association"(以下简称为 CBA)。我国篮球电视转播从 1958 年开始,在 1958 年 6 月 19 日,北京电视台(中央电视台的前身)第一次实况转播了八一男女篮球队与北京男女篮球队的比赛,这标志着中国体育电视转播的正式起步,也是中国篮球电视转播的开始。[1]

1994 年 12 月 20 日,时任中国篮协常务副主席兼秘书长杨伯镛在全国篮球竞赛训练工作会上郑重宣布:1995 年全国篮球甲级联赛将实行主客场、跨年度的新赛制。1995 年中国男子篮球甲级联赛八强赛从 2 月 5 日到 4 月 9 日举行,比赛采用主客场双循环赛制,一共举行了 14 轮 56 场比赛,八强赛是中国篮球第一次实施主客场双循环的联赛,是中国篮球竞赛改革的一项重大举措。[2] 共有 17.96 万人次去现场观看了比赛,通过电视转播观看比赛的球迷更是不计其数,我国电视机构转播 CBA 联赛正式开始了。但由于首次使用主客场赛制以及由于升降级制度存在,参与转播的各方更多看中的是球队成绩等原因,一切准备工作显得不充足。

---

[1] 杨伟光.中国电视转播史上的壮举——谈谈亚运会的电视报道[J].新闻战线,1990,08:4-7.

[2] 汪超.CBA 国际化发展策略研究[D].首都体育学院硕士论文,2012.

1995—1996 赛季是 CBA 的首个赛季,联赛采用升降级制,目的是保证比赛的精彩,增强球队的竞争意识,在这样的制度下,每个赛季的最后两名球队降级到乙级联赛,乙级联赛的前两名升级进入 CBA,获得参加下个赛季 CBA 比赛的资格。拥有联赛推广权的 IMG (国际管理公司)将联赛冠名为"555 中国男子篮球甲级联赛",给八一"火箭"、广东宏远"华南虎"、原南京军区"麒麟"、原济南军区"天马"、浙江中欣"松鼠"、北京"鸭"、前卫"猎豹"七支队伍设计了队标,当时报纸、杂志、电视开始积极报道 CBA 联赛,一时间成为球迷、新闻和社会关注的焦点。当年中央电视台现场转播了 52 场比赛,这对当时 CBA 联赛的推广起到了很大的作用,据统计,整个赛季观众达到了 50 万人次。

从 1995—1996 赛季到 2004—2005 赛季,升降级赛制一直延续了十年之久,在这十年里,平均每个赛季都有 60 万左右人次到现场观看比赛,平均每场约 3 700 人,上座率高达 83%。其中在 2001—2002 赛季,姚明领衔的上海队打败了拥有六个总冠军头衔的八一队,改写了中国篮球的历史。值得一提的是,当时在每周三和周日晚电视直播的基础上,又增加了周六下午的直播,中央电视台和各省市地方电视台共转播 1 805 场比赛,从而使得 CBA 的受众急剧增长,到 CBA 联赛的第七年,现场观众的平均上座率上升到 87%,为前七个赛季最高,共有 74.65 万人次的观众到现场看球。

2002—2003 赛季,CBA 联赛由原先的 12 支球队扩军至 14 支,香港队正式亮相 CBA 联赛,虽然王治郅、巴特尔和姚明这"三大移

动长城"在过去两个赛季相继奔赴 NBA,在一定程度上影响了
CBA 的关注度和影响力,但是全国 20 多家电视台均加大了对联赛
的宣传力度,直播、转播和录播场次达到 1 800 场,其中直播 816
场,中央电视台直播 56 场,人们对 CBA 联赛的热情有增无减,CBA
联赛第八年,平均上座率达到 82%,共有 76.5 万人次的观众到现
场看球。

2003—2004 赛季,随着刘玉栋的退役,八一队整体实力大受
影响,在总决赛上,广东队以总比分 3 比 1 战胜八一队,成为 CBA
新王者。2002—2003 赛季广东队的夺冠,标志着"华南虎"开启了
属于他们的王朝,这也是 CBA 史上第二个王朝。这个赛季,CBA
电视转播的国内覆盖率达到了 100%,16 家电视台直播比赛,其中
直播 362 场、录播 361 场、播出集锦 336 场,整个赛季上座率更是达
到 85.74%。

2004—2005 赛季是 CBA 甲 A 联赛改革力度最大的一个赛季,它
是一个过渡性赛季,是为 2005—2006 赛季 CBA 职业联赛探路和奠
基。国家体育总局篮球运动管理中心前主任李元伟在 2004 年 4 月 5
日的东莞会议上首次公开推出"北极星计划",他提出以 CBA 品牌建
设为中心,服务球迷、服务媒体、服务赞助商的办赛理念,并要求对联
赛的结构、赛制以及推广进行一系列的调整与改革,取消了升降级、
扩充了球队数量,在此基础上仿效 NBA 推行南北分区。[1] 随着巴

[1]　李元伟.篮坛风云路[M].北京:中国书店,2010,33.

特尔重返 CBA、刘玉栋的复出和中韩全明星赛的举行,联赛的影响力在不断扩大,值得一提的是,在这个赛季,NBA 电视台转播了 CBA 总决赛的全部五场比赛,ESPN 也从季后赛开始向亚洲地区进行直播,显示了 CBA 联赛的影响力进一步扩大。在该赛季一共进行了 307 场比赛,平均每场观众 4 012 人,总人数 1 231 830 人,上座率为 82.2%,联赛正式进入职业化时期。

2006—2007 赛季是 CBA 水平显著提高的一年,王治郅重新回国,带领八一队再一次打败广东队,重新站上 CBA 之巅。联赛水平显著提高,看点变多了,被时任篮管中心主任李元伟称为"质量年",该赛季电视转播量的首播时长达到 1 309 小时 49 分钟,重播时长也达 1 061 小时 6 分钟,累计收视人次达到 4.2 亿(国家体育总局篮球运动管理中心内部资料)。

2007—2008 赛季,为了给中国男篮备战 2008 年北京奥运会腾出更多时间,CBA 联赛连续两个赛季给国家队备战让路,CBA 联赛延续了 2006—2007 赛季赛制,常规赛 30 轮,季后赛首轮和半决赛采取 5 战 3 胜制,总决赛 7 战 4 胜制。为了解决电视转播的信号问题,篮协把电视转播的工作交给了瑞士盈方和华奥星空,利用盈方公司的资金优势和华奥星空的技术支持,提高了该赛季的电视转播质量,包括 CCTV‐5 在内的 19 家电视台转播了 CBA 比赛,其中省级电视台 11 家,市级电视台 7 家。据 CSM(中国广视索福瑞媒介研究)调查显示,该赛季电视转播首播时长共 1 216 小时 44 分钟,重播时长为 811 小时 40 分钟,30 轮常规赛共计播出 1 458 小时 18 分钟(国家体育总局篮球运动管理中心内部资料)。

2008—2009赛季,继中国男女篮在2008年北京奥运会取得不俗战绩之后,2008—2009赛季的CBA联赛场面可谓是火爆空前,总决赛场次和常规赛场次均创下了20年CBA联赛之新高,其中常规赛450场,季后赛24场,参赛球队增加到18支,共有168.56万人次去现场看球,平均每场3 556人。在电视转播方面,与2007—2008赛季相比,电视转播量由2 028小时上涨到2 162小时,收视人数为5.96亿,其中CCTV-5覆盖的电视观众人数达4.45亿(国家体育总局篮球运动管理中心内部资料),这极大地提高了CBA联赛的曝光率,有利于联赛职业化进程的发展。

2009—2010赛季,为了备战2010年土耳其世锦赛和广州亚运会,CBA联赛再次给国家队让路,常规赛场次从2008—2009赛季的50轮减至34轮,广东队连续两年与新疆队会师总决赛,最终,广东队以总比分4比1赢得总冠军,成就"7年6冠"伟业。但该赛季的CBA也出现了一些负面的影响,例如,云南队因为2008—2009赛季经营不善,导致拖欠球员和教练工资的现象发生。这给刚刚起步的CBA职业联赛造成了重大的负面影响。在电视转播方面,CBA首播时长共2 223小时59分钟,重播时长为1 276小时30分钟,其中34轮常规赛共计播出2 734小时14分钟,占总播出时长的78%(国家体育总局篮球运动管理中心内部资料)。但在收视人次方面,与2008—2009赛季相比,由5.96亿下降到4.36亿,首播观众收视人次更是从5.35亿下降到4.04亿,可见赛程缩水、CBA 的负面新闻出现等原因使得 CBA 丢失了一部分观众。

2011—2012 赛季,由于正值 NBA 停摆期,多名 NBA 球员前来中国淘金,包括中国球迷耳熟能详的 J.R.史密斯和威尔森·钱德勒等人。新疆队在该赛季花重金签下肯扬·马丁。北京队引进了马布里,在不被看好的情况下,总决赛 4 比 1 爆冷击败广东队,创下了 CBA 联赛的又一奇迹。该赛季电视转播总量达到 2 912 小时 17 分钟,收视人次也高达 7.25 亿(央视索福瑞资料),CBA 联赛受到了国内球迷的高度关注。

2012—2013 赛季,易建联正式回归 CBA 联赛,在总决赛上广东队 4 比 0 横扫山东队,成就"10 年 8 冠"的伟业。在这年,麦迪签约青岛,成为 CBA 史上最大牌的外援,这无疑是该赛季最引人关注的事件。该赛季电视转播总量持续上升到 3 429 小时 37 分钟,电视累计收视人次稳定在 7 亿以上(央视索福瑞资料)。

2013—2014 赛季,北京队在总决赛以 4 比 2 战胜新疆队,史上第 2 次封王,电视转播量保持在 3 500 小时左右,但收视人次却下降到 5.43 亿(央视索福瑞资料)。

2014—2015 赛季,该赛季同曦队和重庆队的加入让 CBA 达到了 20 支球队的规模,第 20 个赛季最终以北京男篮夺冠而宣告谢幕。在总决赛上,北京队与辽宁队之间的对决,精彩程度前所未有。观众不仅能看到高水平的比赛,还看到了马布里这样的城市英雄"临危救主",以及各支球队本土球员关键时刻挺身而出的表现,同时也能感受到球迷的激情不输场上球员。该赛季电视转播量保持在 3 500 小时左右,电视累计收视人次居高不下。

本研究在通过中国期刊网、北京体育大学图书馆、国家体育总局篮球运动管理中心等多种渠道查阅、收集关于 CBA 联赛电视转播的资料时发现,相关数据材料比较匮乏。通过走访篮球界的相关人士,笔者发现,CBA 联赛电视转播的很多历史资料根本没有记录和保存下来,更多是对 CBA 联赛的记载,这也给论文的撰写造成了一定的困难;同时,这从另一个方面可以反映出联赛的组织者对电视转播重视不够,还没有充分考虑到电视转播对职业联赛的作用。与 NBA 联赛相比,CBA 联赛存在着巨大的差距,主要反映在 CBA 联赛的职业化程度较低、市场开发不足等方面,需要相关部门予以重视,并采取切实可行的措施加以改进。

笔者在细读前人书籍、文献的基础上发现,在对 NBA 电视转播历程的研究中,很多只是单纯的研究 NBA 联赛的发展和电视转播权的营销状况,少有学者把 NBA 联赛电视转播的发展历程与美国的社会背景联系起来,前人对电视转播权价格的数据、资料收集也不全面、准确;另外,对 CBA 电视转播发展历程的研究,多是对 CBA 联赛的记录,在电视转播这方面的资料较少,本书基于前人的研究成果,以时间年代为轴,考虑当时国家的社会背景,重新梳理 NBA 与 CBA 电视转播的发展历程。

4.3 CBA 联赛电视转播的
宏观因素分析

从宏观角度讲,信息传播受到社会制度、传播制度等外在制度和
环境的影响,而且一个国家的社会制度决定传播制度,决定信息传播
的价值取向和媒介的所有制形式,影响着信息的传播效果,推动或制
约着信息传播事业的发展。[1] 电视体制的确立,关系到电视事业的
方针,关系到整体节目的走向,关系到电视传播的效果[2];而电视传
播的模式是电视体制的直接体现,与节目的制作与播出更是有着直
接的关系;电视转播权的销售是职业联赛的主要经济来源,对于联赛
的生存发展具有极为重要的意义。CBA 联赛电视转播必然会受到
我国电视传播体制、制播分离改革的影响和制约,不仅在传播的形
式、质量与效果方面,而且在 CBA 电视转播的控制、节目制作的模式
等方面,影响到职业联赛的生存和发展。体制、制播分离改革是对
CBA 联赛电视转播影响巨大的宏观因素,有必要进行专门的分析。
本节我们将讨论以下两个问题,第一,在现行的广播电视管理体制
下,形成了怎样的体育电视格局? 此格局的形成对 CBA 联赛的电
视转播带来哪些影响? 第二,近些年,制播分离改革作为广播电视

---

[1] 周小普.广播电视概论[M].北京:中国人民大学出版社,2012,39.

[2] 刘立刚,卢颖.广播电视经营管理[M].北京:中国广播电视出版社,2008,6.

改革创新的研究热点,一直被人们关注和探讨,在 CBA 联赛电视
转播中的具体发展情况如何? 现阶段,CBA 联赛的电视转播模式
有哪些优缺点?

4.3.1 广播电视的三种传播体制

4.3.1.1 多体制并存的世界广播电视传播制度

社会制度决定着传播制度,广播电视的制度从来不仅仅是广
电行业本身的事,它还和国家的政治、经济等方面有着密不可分
的关联。媒介研究大师施拉姆说过:"任何社会对传播机构的控
制都出自社会本身,代表着其信仰与价值观。"[1]电视传播体制,
是一国电视事业所必须遵循的方针、政策,并主要取决于电视事业
的所有权。因媒介组织的所有制形式、法人形式、经费来源等方面
的不同,当今世界形成了三大广播电视体制,即以美国为代表的私
营商业体制、以西欧为代表的公私兼营体制和以中国为代表的国
有体制。

一、以美国为代表的私营商业体制

私营商业体制以美国最具有代表性,80%的电视台是私人经营
的商业电视,媒介资产属于私人所有,媒介机构自主经营、自负盈亏,
不受政党和政府的控制,政府仅仅在合理分配电视应用的频道上发

---

[1] 时宇石.电视传播学[M].北京:北京师范大学出版社,2013,46.

挥管理权,但不干涉或经营电视事务;在运营手段上,以营利为目的,靠广告收入维持运营;在评价标准上,以电视收视率为节目制作与播出的生命线;在操作指向上,以迎合受众作为节目传播的基本原则;在传播策略上,以激烈的市场竞争获取生存空间。1934 年美国通过的《通信法》和 1996 年通过的《电信法》对电视的商业化规定进一步放宽,只规定一家电视台对全国家庭的覆盖率不得超过 35%;电视执照年限从 5 年延长到 8 年等。目前,最具影响力的四大电视网是哥伦比亚广播公司(CBS)、美国广播公司(ABC)、全国广播公司(NBC)和福克斯电视公司(FOX)。它们凭借雄厚的实力、规模在体制允许的范围下继续扩张,如表 7 所示。

表 7　美国四大电视网市场份额及人口覆盖率[1]

电 视 网	市场份额(家)	人口覆盖率(%)
哥伦比亚广播公司(CBS)	18	31
美国广播公司(ABC)	10	25
全国广播公司(NBC)	13	28
福克斯电视公司(FOX)	24	35

二、以西欧为代表的公私兼营体制

公私兼营体制以西欧和日本为代表。其中以英国广播公司(BBC)、日本广播协会(NHK)最为典型,电台与电视台保持相对独立,作为"特殊法人"存在,实行企业化管理运作;根据法律规定,组成

---

[1]　张春华.美国广播电视体制的反思与中国启示——基于公共利益与体制变迁的视角[J].中州学刊,2011,05：247-252.

董事会或管理委员会进行领导管理,具体业务由电台和电视台自主组织,政府依法加以规范和监督;广播电视的经费来源最主要的是广播、电视用户按照规定缴纳的执照费用,此外,还有少量的国家拨款和一定量广告收入;电视台直接对公众负责,把观众当作"公民"而不是"消费者",对社会效益的追求高过商业效益,维护着本国的社会制度,保障公众利益高于对收视率的追求,为全民利益制作广播电视节目。

英国的广播电视管理体制被西方称为世界上"缺点最少"的制度。[1] 1954 年 8 月,在保守党的支持下,英国国会通过了一项《电视法案》,该"法案"规定:成立一个商业性的独立电视局(简称ITA),1972 年改为独立广播局(IBA),授权其管理商业性的独立电视公司的业务,这些商业电视公司主要依靠出售广告时间赚取高额利润,但这并不是漫无节制、唯利是图的,而是受到很多制度约束和监督的。政府为了保护公共台的发展,对商业电视公司采取征收高额盈利特别税等办法,维护着两种媒介的平衡发展。

三、以我国为代表的国营体制

我国的广播电视属于国营体制,实行社会主义公有制,是党、政府和人民的喉舌,担负着教育、鼓舞全党、全军和全国各族人民建设社会主义物质文明和精神文明的任务;中国各级电视台分别由中央和各级人民政府管辖,其宣传方针、政策和事业建设统一由

---

[1] 李书藏.英国公共广播电视体制的生成探源[D].武汉大学博士论文,2010.

国家进行管理。

随着改革开放的深入,社会主义市场经济制度的确立,国营广播电视也引入了商业化的运作,主要体现在"事业单位,企业化管理"的运作模式上,因此被界定为"完全国有的有限商业运作体制"。[1] 我国的广播电视体制发生了可喜的变化,从最初的单一定位逐步发展到事业和产业的双重属性,从"四级办台"到集团化,甚至放宽了非公有资本和外资进入电视领域的管制,但仍然坚持以公有制为主体,在承担宣传功能的同时尽可能满足观众对信息和娱乐的不同需求;强调把社会效益放在首位、实现社会效益和经济效益相统一;逐步引入市场的竞争机制,促进电视事业的繁荣。表 8 对三大广播电视传播制度做了一个较为系统的比较。

表 8　三大广播电视传播制度的比较[2]

体制类别	私营商业体制	公私兼营体制	国营体制
代表国家	美国	西欧、日本	中国
所有权	私人所有	国家、私人所有	国家所有
基本性质	私人娱乐工具 娱乐事业	文化公益事业或娱乐事业	宣传工具
基本目标	以娱乐达成盈利	推广教育 提高国民文化水平	发布新闻 传达政令 社会教育 文化娱乐
管理机构	联邦通讯委员会	议会 邮政大臣 代表全民的管理委员会	国家广播电视总局

[1]　孙宝国.2014 年中国广电的体制机制创新[J].新闻战线,2015,03：21-23.

[2]　童兵.理论新闻传播学导论[M].北京：中国人民大学出版社,2011,100.

（续表）

体制类别	私营商业体制	公私兼营体制	国营体制
经营方式	自由企业 广播电视节目由收视率及 广告商决定	1. 经由国会立法特许经 营并为财团法人 2. 广播电视政策与节目 内容均由代表全民的 管理委员会决定	由国家广播电视总局负责 管理、指导、监督经营活动
经费来源	广告费	视听费或执照费	广告费及财政

上述三大广播电视管理体制基本涵盖了目前世界各国的广播电视传播制度。体制的确立，关系到电视事业的发展，关系到广播电视格局的形成，关系到整体节目的走向，关系到传播的效果。同时，三大体制的区别也体现在广播电视的媒体功能上，私营体制更加注重信息传播和娱乐大众；公私兼营体制更侧重公共服务、环境监测功能；而国营体制体现的是宣传教育、意识形态功能，三大体制各有利弊。随着市场经济的发展和公众意识的觉醒，各体制在业务层面已经开始相互借鉴。

在中国，由于国家的宏观调控和直接管理，一方面，媒介组织经营运作有财政上的保障，另一方面，媒介组织在实际运作中的"行政化倾向"，使其长期受到政府的保护，因此，在现行的体制管理下，各级媒介组织的发展程度是不一致的，中央级媒体处于强势地位，省、地、县分别固守自己的地盘，各有自己的生财之道和生存空间，长期以来过着"小富即安"的生活。在体育运动方面，随着中国体育市场化程度的不断深入，很多运动项目开始举办职业联赛，进行市场化运作，最先试水的当属足球和篮球这两大项目，但由于中国广播电视地位的特殊性,其管理体制基本沿用计划经济时代的模式,电视播出平台仍处于强势地位,中国体育与电视之间的关系从刚开始的同志关系、帮手关系悄然变成现在的相持关系,由于广播电视管理体制与体育市场改革的进度不一致,现行的广播电视管理体制成为制约中国职业体育电视转播的重要因素。

在篮球方面,近几年,随着 NBA 联赛对中国篮球市场的成功"进入",加上 CBA 联赛本身的竞技水平不高、影响力不足等内外因素,各大媒体更愿意花大价格购买国外顶级比赛的电视转播权,这直接对 CBA 联赛电视转播权的营销带来了严重的影响,影响到联赛的收益和良性循环发展。此外,CBA 联赛的电视公用信号由各地方电视台制作,其内部运行机制的僵化也使得 CBA 联赛的电视节目缺乏创新性和新颖性,这与私营电视体制下美国 NBA 联赛电视转播权的高额营销和篮球电视节目的丰富多彩形成巨大的差距。

4.3.1.2 中国体育电视的竞争格局

国家广播电视管理体制的确立,决定着竞争格局的形成和发展。目前,我国体育电视主体包括中央电视台体育频道、地方电视台体育频道、境外体育电视机构、民营体育电视机构四个部分。[1] 中央电视台体育频道是中国体育电视转播的中心,无论是国际赛事还是国内比赛一直占据体育电视市场最大的一块份额;省市级电视台异军

---

[1] 邓耀凯.新媒体下我国体育电视节目的出路[J].当代电视,2015,11:44-45.

突起,受地区经济发展状况的影响,北京电视台体育频道、上海电视台体育频道、广东电视台体育频道发展较好,其余电视台目前最主要的任务是生存下来;境外体育电视机构在中国的发展空间一直比较狭窄,即使实力雄厚,但由于受到我国政策的限制,境外体育电视机构在中国的发展状况可以用"无助"和"无奈"这四个字来形容;民营体育电视机构经过多年的发展,长时间被排挤在体育电视正规军之外,现阶段仍然处于弱势地位,但相信随着制播分离改革、频道专业化以及新媒体的出现,市场需求越来越多,受众越来越细化,民营体育电视机构的明天还是光明的。表9是2014年和2015年中国电视体育频道竞争格局表。

表9 2014年和2015年中国电视体育频道竞争格局表

频　　道	播出比重(%)		收视比重(%)	
	2015	2014	2015	2014
CCTV-5	17	18	66.2	70.8
省级上星	3.5	3.6	5.5	5.9
省级非上星	57.7	58.0	25.5	20.4
市县频道	18.3	17.1	2.5	2.0
其他	3.5	3.3	0.3	0.9

从表9可以看出,CCTV-5由于在国家政策、赛事资源、人才储备和广告收入等方面的绝对优势,其在国内电视体育领域一直占据着无可争议的霸主地位。在国家政策方面,国家广电总局2000年1月24日下发《关于加强体育比赛电视报道和转播管理工作的通告》中规定"重大的国际体育比赛,包括奥运会、亚运会和世界杯足球

赛(包括预选赛),在我国境内的电视转播权统一由中央电视台负责谈判和购买,其他各电视台(包括有线广播电视台)不得直接购买。中央电视台在保证最大观众覆盖面的原则下,应就地方台的需要,通过协商转让特定区域内的转播权"[1],"国内重大体育比赛,包括全国运动会、城市运动会和少数民族运动会的电视转播,由中央电视台牵头召集各有关电视台进行协商,制定出合理的补偿方式及电视信号制作标准,并由中央电视台负责谈判和购买电视转播权,其他各电视台不得直接购买"[2]。而且中央电视台还拥有中国各代表队参加世界锦标赛的转播权等,这个政策的出台使得中央电视台与各地方电视台在赛事资源方面拉开了很大的距离,对于需要高额付出方能获得转播高水平比赛资格的电视台来说,CCTV–5 所获得的体育比赛资源在国内处于"垄断"地位,远远超出了国内各电视媒体组织。在 2014 年和 2015 年,CCTV–5 凭借版权的优势,播出比重分别是18%和17%,收视比重分别在 70.8%和 66.2%,赛事资源优势十分明显;此外,在设备、技术、人才储备和无形资产等方面,中央电视台拥有国内体育电视的大部分精英,有超过 1 000 人的制作团队,并且拥有世界上最先进的录像、摄像转播设备,在节目策划、节目形态、制作、编辑、播放、解说、评论等方面都向着专业化、精细化方向发展。目前 CCTV–5 是全国唯一一个 24 小时全天播放体育赛事的。

[1] 邹超.中国职业篮球联赛赛事品牌发展研究[J].武汉体育学院学报,2013,11:36–39.

[2] 王平远.大型体育赛事电视转播权有效开发探讨——基于福利经济学和博弈论的视角[J].体育科学,2010,10:23–29.

各省市级地方电视台体育频道是中国体育电视的中坚力量,在
2015年,省级上星频道的播放比重和收视比重分别是3.5%和5.5%;
2014年分别是3.6%和5.9%,可能与2014年是大赛年有关,足球世界
杯、亚运会和冬奥会带动了收视的上升,省级非上星和市县体育频道
由于赛事版权匮乏、覆盖率不够等因素的影响,2014年和2015年的
播放比重是57.7%和58%,收视比重是25.5%和20.4%,市县体育频
道的播放比重是18.3%和17.1%,收视比重是2.5%和2.0%;其他播
出平台所占的比重微乎其微。

中国体育电视格局的形成同样表现在CBA联赛的电视转播方
面,CBA联赛的电视转播仍然是以CCTV-5为龙头,各省市地方台
为主体的。各电视台都属于事业单位,归国家广电总局统一管理,具
有明显的行政性质。当有行政性质的电视台转播以市场导向为主的
CBA联赛时,在政策上会受到一定的干扰和影响,这在一定程度上
损害了CBA联赛相关主体的经济利益,不利于联赛的职业化进程,
降低了电视转播对CBA联赛的影响力。表10是CBA联赛电视转
播的主要媒体,图3、图4是CBA联赛各转播单位的播放量和累计收
视人次的比较。

表10　CBA 联赛电视转播的主要媒体

央　　视	省　　台	市　　台
中央电视台第5频道	北京体育频道	浙江杭州导视频道
中央电视台5+频道	北京新闻频道	杭州五套
	北京青年频道	宁波五套
	上海五星体育频道	佛山电视影视频道

(续表)

央　　视	省　　台	市　　台
	天津体育频道	深圳体育健康频道
	福建体育频道	青岛休闲资讯频道
	山西公共频道	
	吉林公共新闻频道	
	山东体育频道	
	辽宁体育频道	
	江苏体育休闲频道	
	广东体育频道	
	新疆体育健康频道	

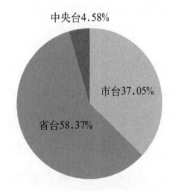

图 3　CBA 各电视转播单位播放量的比较
（注：以上数据来自国家体育总局
篮球运动管理中心内部资料）

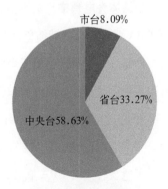

图 4　CBA 各电视转播单位累计收视人次比较
（注：以上数据来自国家体育总局
篮球运动管理中心内部资料）

　　从上述图表中的数据我们可以发现,CCTV－5 是 CBA 最大的专业转播频道,具有全国覆盖范围和最高的收视率,主要转播国内外体育赛事。虽然 CBA 联赛是中国顶级职业篮球联赛,但在 CCTV－5 的转播量还是很不充足的,需要各省市电视台给予一定程度的弥补,

CCTV－5 播放 CBA 联赛的总量占整个播放量的 4.58%,省市台占整个播放总量的 95.42%,说明在我国省台和市台是 CBA 联赛播放的主力军;但从累计收视人次来看,CCTV－5 由于具有全国覆盖范围,累计收视人次占到 58.63%,省台占 33.27%,市台占 8.09%,省市台的总和仅有 41.36%,与 CCTV－5 相比还差 17 个百分点之多。此外,在 2014—2015 赛季,20 支俱乐部分别在 14 个省市比赛,地方电视台只转播本地市球队的比赛,转播 CBA 其他城市球队比赛的电视台一家也没有。可见,从整体来看,CBA 联赛的电视播放量是不足的,覆盖率是不够的,这种格局的形成在很大程度上影响了 CBA 联赛的影响力和曝光率,使 CBA 品牌的建立与推广受到了一定的限制。

笔者曾多次走访中央电视台和各地方电视台的媒体人员,通过与媒体组织相关人员的交谈,了解中国体育电视未来发展的理想格局,我认为随着中国竞技体育的快速发展和全民健身的普及,由于人们在实际生活中所处的社会地位、个人阅历、文化修养、价值取向以及性格特征等不同,受众分类会越来越细,受众群体的分化成为一种大趋势,地方体育频道的生存务必要找到自己的定位,做真正的专业体育频道,为所在地区的爱好者服务。同时联合是地方台体育频道的生存办法;此外我们可以效仿国外先进的商业电视模式,比如在美国,除了三大电视网(ABC、NBC、CBS)是向全体公众服务之外,其他众多频道只是以某一部分观众为目标,ESPN2 的目标主要是 25 岁以下的观众,内容也是一些较为时尚的赛事,ESPN 还有一个经典频道主要播放历史上的著名比赛,美国的 TNT 体育频道内容以篮球和网球为主,其他的体育频道更是面向少数人群的,如高尔夫球频道、棒球频道和 NBA 频道。

未来中国的有线电视网应有中央电视台的体育频道、三个地域性很强同时也覆盖全国的体育频道(北京、上海、广东)以及 4—5 个专门的体育频道,这是一种比较合理的布局。

4.3.1.3　我国电视体制对 CBA 联赛电视转播权营销的影响

国际职业体育发展的历史表明,职业联赛的电视转播权收入约占到联盟总收入的 40% 左右,NBA 联赛的电视转播权收入更是达到 45% 之多,是联赛的主要收入来源。[1] 因此,电视转播权的营销状况对职业联赛的生存发展具有重大影响,而电视转播权的营销受到电视体制、市场化程度、联赛水平以及电视制作模式等多方面的制约,其中,中国电视体制的行政化倾向和高度垄断性质成为制约 CBA 联赛电视转播权营销的重要因素之一。

一、CBA 联赛电视转播权的营销现状

与国外成熟的职业联赛相比,我国篮球职业联赛开始较晚,电视转播权的开发也比较晚,收益很少。在 CBA 联赛成立初期的前两个赛季,由于联赛的职业化程度低、品牌建设刚刚起步、电视转播权的市场开发意识和能力薄弱,出现了篮协和各俱乐部需要向

---

[1]　薛峰.电视传媒对体育产业的影响与发展建议[J].新闻与写作,2014,11：105 - 107.

电视台倒付电视转播费用的"反销售"现象。那时,鉴于我国篮球职业联赛需要电视媒介的宣传和推广,这种现象的出现有一定的必然性。到1997—1998赛季,中央电视台以两分钟广告时段补偿给各俱乐部,这是CBA联赛电视转播价值第一次得到了体现,尽管这个价值是那样的微薄;到1998—1999赛季,江苏南钢和辽宁猎人两家俱乐部分别以50万元、15万元的价格将比赛电视转播权卖给了当地电视台,这笔收入占俱乐部总收入的2.3%[1],开始了CBA电视转播的有偿转让的历史。中央电视台凭借政策、人力、技术、设备、资金、资源等方面的绝对优势,在中国体育电视界处于垄断地位。一方面,CCTV‐5在全国的覆盖面广,是全国唯一的一家专业体育台,地方电视台及其他系统的电视台无法与之比肩;另一方面,职业体育的赞助企业都以中央电视台的播出为条件议价,形成了"独此一家,别无分店"的局面,这种高度垄断局面无疑对职业联赛电视转播权的营销带来了极为不利的影响。为了改变这一局面,在1999—2000赛季,国家体育总局成立电视转播权开发指导委员会,在电视转播权的营销方面,由中国体育报业总社下属中广网参与CBA的电视转播,国家体育总局、篮管中心和各俱乐部联合起来,与中央电视台谈判,力图使更多的电视台进入职业联赛转播市场,打破中国篮球电视转播的垄断局面,使职业联赛的商业价值得到更大的体现。经过努力,该赛季中央电视台转播了45场比

---

[1] 窦忠霞.CBA联赛产权的结构研究[J].成都体育学院学报,2007,06:25‐27.

赛,地方台转播了 300 多场比赛,努力初步见到了成效。到 2001 年底,华奥星空作为专业公司开始对 CBA 的电视转播权进行市场运作,中国篮协与华奥星空约定,一切风险由华奥星空承担,若开发后收入大于支出,篮协和华奥星空再按相应比例分成。开赛后中央电视台花费 280 万元购买了 60 场比赛的转播权,地方台转播了600 多场比赛,连境外的一些电视机构也向华奥星空购买转播权,标志着这个赛季电视转播权的开发有了新的突破。此外,赛事集锦权的开发也有了新的进展,在 23 家电视台播出 60 集 30 分钟的电视集锦。[1] 到 2002—2003 赛季,中介公司开始包装 CBA 联赛,当时推广的主题是:时尚、动感、青春、健康。围绕这个主题,CBA 确定了联赛的主题歌、组织了啦啦队,推出了全新的集锦节目《篮球风云》,各电视台都反映良好。2003—2004 赛季以后,上海电视台获得了 CBA 联赛的电视转播权,但转播效果却不尽如人意,原因在于CCTV‐5 具有全国覆盖范围和强大的转播团队优势,而上海电视台的传播范围较狭窄,尽管有地方电视台联盟的介入,但仍然无法与中央电视台抗衡,造成 CBA 联赛的影响力明显下降。最终,通过篮协、央视与上海电视台的协调,实现了央视与上海电视台的联合转播,当年购买的电视转播权费用是 300 万,2004—2005 赛季电视转播费用是 350 万,2005—2006 赛季上涨到 400 万。从 2006—2007 赛季至今,尽管 CBA 联赛的电视转播收入在缓慢增长,但与 CBA 联赛的地位、

[1] 邹超,徐承建.中国职业篮球联赛赛事品牌发展研究[J].武汉体育学院学报,2013,11:36.

影响力相比,仍然是较低的,CBA 的电视转播权销售开发基本上处于停滞状态,没有什么实质性的突破。目前央视的电视转播价格与CBA 的商业合作伙伴盈方中国公司谈判,各支球队在地方台的转播,基本上都是各谈各的,没有多少收入,甚至有些俱乐部能够不花钱转播就已经不错了。

目前,像北京、上海、辽宁、山西以及广东三支俱乐部在地方电视台的转播基本不需要付费。这些地方电视台转播 CBA 比赛还需另付一部分版权费用,版权费大于各地方电视台制作电视公用信号的制作费;有些地区的版权费用等于制作费用,由于 CBA 赛事电视公用信号的制作基本上都是各地方电视台制作,它们用制作换得版权;还有一些地区甚至需要俱乐部解决一部分电视台人员开支费用,这样电视台才愿意去转播。从笔者走访了解到,大多数的 CBA 球队的转播费用为零。

在俱乐部与地方电视台的谈判过程中,常常因为价格分歧比较大,谈判十分艰难,例如浙江广厦和浙江稠州银行这两支球队,由于省台要求的价格太高,已经放弃在省台的转播,只能退而求其次与杭州少儿频道合作,但是转播信号不能覆盖全省,只能在杭州范围内播出,这影响到浙江球迷的观看;而在江苏,江苏队面临着更为困难的境地,江苏肯迪亚俱乐部在 2015—2016 赛季花重金请来了 NBA 状元秀奥登,在奥登的新闻发布会上,接到邀请的江苏体育休闲频道却没有派记者前往,俱乐部的总经理表示:"为了能让更多的球迷欣赏到肯迪亚男篮的比赛,俱乐部愿意花一定费用,去努力争取电视转播。但是如果费用太高,把这部分钱投入到球队建设上会更有意义。"因此,江苏队还有可能在以后的赛季面临没有电视转播的尴尬局面,这样做的结果最终受损失的还是广大球迷。目前由于各地电视平台的稀缺,很多频道自负盈亏,他们不愿意牺牲晚上 7 点 30 分的黄金时间来转播篮球赛事,导致 CBA 俱乐部在转播权的谈判中,仍属于弱势一方。

二、中国广播电视管理体制对 CBA 联赛电视转播权营销的影响

目前,CBA 联赛的电视转播权每年仅仅卖出 2 000 万左右,与 NBA 9 年 240 亿美元的电视转播权价格相比,可谓是天壤之别。这巨大的价值鸿沟与我国电视体制的制约有着直接的关系。

我国电视与体育的关系从计划经济时代的无偿转播体育比赛,对体育事业进行支持和宣传;到市场经济时代电视机构与体育赛事主办者的互帮互助;再后来演变成转播体育比赛需要电视机构购买。体育赛事市场化进度快,电视体制改革发展缓慢,两者进度的不一致也使得 CBA 联赛电视转播权的营销在国内很难进行。

市场经济的最本质的特征是竞争,竞争在机会平等的情况上进行才有可能实现良性的发展。而我国广播电视的现状是中央电视台处于强势地位,地方电视台处于从属地位。缺乏竞争的结果,一方面是使职业联赛不能获得与其地位、影响力相匹配的收入,影响联赛的发展,也最终会影响到收视人群的增长;另一方面,也使获得转播权的电视机构不愿意在赛事转播上进行人力、物力、财力的投入,因此不能有效提高电视转播质量,不能高质量地展现职业联赛的精彩之处。这两个方面相互影响,是我国职业联赛电视转播与国际先进水平存在差距的原因所在。

此外,我国目前还没有关于体育赛事电视转播权有偿转让的法律文件,相近可参考的法律文件是 2013 年 1 月 30 日修订的《中华人民共和国著作权法》,其中要求广播电台、电视台制作广播、电视节目,应当同表演者订立合同,并支付报酬。职业篮球赛事转播权属于知识产权领域,应该根据法律给予一定的保护。

可以说到目前为止,对我国体育比赛电视转播权的有偿转让还没有专门的法律文件。而 2014 年 10 月颁发的《国务院关于加快发展体育产业促进体育消费的若干意见》中指出:"按市场原则确立体育赛事转播收益分配机制……放宽赛事转播权限制……"文件指出了问题的要害,为包括 CBA 联赛在内的职业体育赛事电视转播权问题的解决提供了良好的前景。

4.3.2　CBA 联赛电视转播的模式研究

4.3.2.1　CBA 联赛电视转播的主要模式

CBA 联赛电视转播采用的模式是中央电视台的转播与拥有版权的盈方(中国)公司直接面谈;盈方(中国)公司和各地方俱乐部与地方电视台协商进行转播,而相当多的俱乐部仍处于俱乐部花钱买转播的时代。

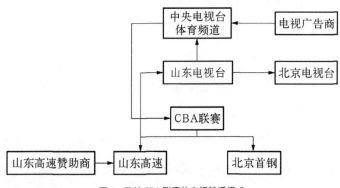

图5 目前 CBA 联赛的电视转播模式

从图5可以看出,由主场电视台即山东电视台提供电视信号,CCTV－5如需转播山东队和北京队的比赛则需要向盈方(中国)公司购买电视转播权;山东电视台为 CCTV－5 有偿提供主场信号,同时也向北京电视台提供主场信号,但由于北上广等地区收视份额较好,有一定的广告经营收入,在这些地区的谈判过程中,北京电视台还另需支付一定的转播费用给拥有版权的盈方(中国)公司,但当轮到北京队主场时,考虑到山东电视台的整体经营情况,山东电视台只需用制作的费用换取电视转播权费用即可。还有些地区,主场的俱乐部还要向提供主场信号的地方电视台工作人员支付相应的劳务费,费用的多少各个地区的情况不尽相同,与电视台的经营状况、俱乐部的影响力、地方电视台和盈方公司之间的合作情况等因素有关,每个赛季中国篮协得到的转播费用分配到各俱乐部,但每个球队得到的数额是由 CCTV－5 转播俱乐部的场次和各地区转播 CBA 的转播费来决定的。

4.3.2.2　CBA联赛电视转播的制播分离研究

广播电视的核心业务是节目的制作和播出。[1] 以往我国实行节目制作播出合一的模式,这种模式是和传统的计划经济体制以及简单的节目再生产方式相适应的,它在组织调动各生产环节进行重大宣传报道、节目的统筹规划和导向把关、安全播出等方面有着积极的作用。但是,广播电视长期施行采、编、播一体化的生产模式,节目由自己生产、自己播出,缺乏竞争机制,创新能力匮乏,编播人员队伍繁杂臃肿,个别员工甚至一年就只制作几个节目或办一台晚会,这种制播合一、吃大锅饭的运行机制严重限制了节目的发展和资源的配置,造成了电台电视台效率低下、成本高昂。这种模式显然不能适应社会主义市场经济体制改革的要求,因此,发达国家广播电视制播分离的经验越来越引起人们的重视。制播分离是广播电视核心业务的重大变革,是广播电视跨区域发展的前提条件,也成为加快中国电视产业化进程的一项必然选择。CBA联赛电视转播也同样面临这样的局面和问题。

从现阶段CBA联赛电视转播的模式看,CBA联赛电视转播的信号制作是由各省市地方电视台完成的,播出平台大多数是比赛双方的各省市电视台,重点比赛场次CCTV－5会选择性地播出。制作方与播出方基本是各省市电视台,节目的制作和播出属于台内制播分离的模式,此模式的形成与我国的社会制度、广播电视的传播制度密

---

[1]　钱越.当前媒介生态环境下电视业制播分离改革发展研究[D].河北经贸大学硕士论文,2014.

切相关,那么这种制播分离模式在 CBA 联赛电视转播中的发展情况如何? 与 NBA 成功的电视模式相比,我国联赛制播分离模式有哪些优势和不足呢?

一、制播分离的概念与模式

概念的界定是一切学术活动的出发点,资料分析表明,制播分离最早起源于英国,来自英文 Commission,原意是指电视播出机构将部分节目委托给独立制片人或独立制片公司来制作。[1] 从节目的制作和播出角度总结,清华大学教授尹鸿认为: 制播分离就是制作主体和播出主体分离,制作方和播出方都通过市场行为来完成交易。[2] 电视台作为播出主体负责购买和播出节目,而制作机构负责制作节目,属于企业性质,自负盈亏、自主经营,两者毫无关系,电视台与节目制作机构是买方与卖方的商业伙伴关系。

根据中国的国情特点,笔者认为,我国广播电视系统的制播分离是指除具有舆论性导向的新闻类、时政类节目以及文化等节目由电视机构制作以外,其他娱乐节目、体育节目、专题节目都可以由社会制作公司制作,电视台负责把关、购买和播出。

中国现行的制播分离改革状况,大概有两种模式,即台内制播分离和台外制播分离。

第一种: 台内制播分离。由于我国的电视台是事业单位编制,

[1] 蒋潮.从制播分离的角度分析《中国好声音》制作模式和宣传策略[D].山东师范大学硕士论文,2014.

[2] 李新.深入剖析广播电视的制播分离[J].现代电视技术,2006,11: 116-120.

为了增强节目制作的市场活力,引入竞争机制,电视台将内部的部分节目制作机构进行公司化改造,与播出部门分开。这种方式下的节目制作机构并没有剥离母体,"孩子"还是"母亲"的"孩子",只是由以前的"圈养"变成了现在的"散养";有些电视台的节目制作机构剥离开母体,在市场上独立运营,自负盈亏,但属于电视台台属、台控、台管的企业,比如上海东方传媒集团公司就是上海广播电视台台属、台控、台管的企业,也就是业内俗称的"上海模式";还有些电视台的节目制作机构与电视台从行政和产权上完全脱离关系,成为真正意义上的市场主体,目前这种台内分离的方式在我国还是很少见。

第二种:台外制播分离。主要有以下四种形式:(1)电视台、频道或某些栏目根据需要策划节目,为减少制作成本把节目制作部分委托给独立制作公司或独立制片人,电视台对节目拥有版权,如中央电视台委托北京科影厂制作《科教片之窗》和《科技博览》等节目;(2)民营节目制作机构以光线传媒为代表,他们根据市场交易的供求需要,对节目进行投资,自己制作电视剧、电影等节目,出售给各家电视台,电视台负责评估、购买与播出,如他们制作的体育节目《体育界》在全国60多家电视台同步播出,后来由于经营关系退出了市场;(3)联合制作模式,广电机构与社会制作机构共同投资联合生产制作节目栏目,如音乐节目《中国好声音》就是浙江卫视与星空传媒旗下的灿星制作公司联合制作、共同投资、共担风险、共享利润的成功案例;(4)独立运作整个电视频道,这种情况由于政策壁垒的限制,成功的案例比较少,银汉传媒发展有限公司曾经出巨资作为节目的供应商和广告的经营商运作过北京电视台生活频道。

二、中国广播电视制播分离改革的发展阶段

从国家对于广播电视制播分离改革颁布的相关政策来看,中国的制播分离改革经历了四个阶段,改革之路可以说是一波三折。

默认阶段。在改革开放初期,广电总局进行了一些尝试性的改革,当时的政策和环境对改革来说都是有利的。1978 年我国进入改革开放的新时期,我国的电视行业功能从单纯的宣传机器开始转变为宣传与经营并重的混合型媒体;1979 年 5 月 14 日,中宣部正式肯定了媒介恢复广告的做法;1979 年 9 月 30 日,中央电视台播出了关于美国威斯丁豪斯电器的商业广告,中国电视市场化在积极推进。

激励阶段。由于中国经济的迅速发展,推动电视业也不断发展,制播分离改革逐渐清晰,国家由此出台了大量的对广播电视制播分离改革有激励性的政策。1992 年中央把广播电视产业列入第三产业;1996 年,广电总局下发了《关于加强有线电视节目供片工作的若干问题的通知》,文件要求各广播电视部门重点做好海外电视剧和录像片的集中统一供片工作;1994 年中央出台了《中华人民共和国广告法》,一些广告公司陆陆续续成立,在这一时期,电视业广告额占到中国广告经营总额的四分之一以上,节目制作与分离程度大大加剧,当时的政策环境和经济环境对电视制播分离改革起到了巨大的推动作用。

抑制阶段。在这一阶段,国家相关部门颁布的政策对电视制播分离改革的态度发生了 360 度的转变。1997 年 8 月 1 日，国务院颁布了《广播电视管理条例》，其中第 31 条规定"广播电视节目由广播电台、电视台和省级以上人民政府广播电视行政部门批准设立的广播电视节目制作经营单位制作。广播电台、电视台不得播放未取得广播电视节目制作经营许可的单位制作的广播电视节目"。[1] 民营电视机构要想从事影视制作，许可证是必不可少的，而我国对民营电视机构发放许可证具有严格的资质审查。2000 年 6 月，广电总局将宣传权（覆盖权、播出权和制作权）统一管控。在当时主要担心宣传不能得到很好的控制，同时广电总局还认为广播电视改革也不只是制播分离的改革。民营电视机构在这一时期失去了节目制作等一大块业务，国家政策对民营电视机构的发展产生了重大的影响。

肯定鼓励阶段。随着市场经济的不断深入，我国电视业在 2002 年之后又一次迎来春天，国家政策的态度由前一阶段的"三权统一"变成现在的"鼓励经营电视节目制作机构"。2003 年 12 月，国家广电总局颁布了《关于促进广播影视产业发展的意见》，明确了广播影视产业发展的方向和措施，这成为指导制播分离改革的重要文件。2006 年 1 月，广电总局颁布的《2006 年广播影视工作要点》中称："除新闻类、社会访谈类节目外，文艺、体育、科技类节目等可逐步实行制播分离，引入市场机制，实行节目的市场招标采购。"

［1］赵玉明.中国广播电视史教程[M].北京：中国广播电视出版社,2010,17.

制播分离改革 20 多年来,国家对制播分离改革的态度经历了从默认、鼓励、抑制到肯定鼓励的阶段,政策环境由不稳定逐渐趋向明朗,改革之路起起伏伏,向前发展。

三、CBA 联赛电视转播制播分离的现状

目前,CBA 电视转播制播分离基本属于台内分离的模式,大部分地方电视台成立了转播、技术等相关部门,如山东电视台在比赛前会收集球员和球队的信息资料,比赛当天转播部的工作人员会提前四五个小时准备转播,这些人员均属于转播部,在非 CBA 比赛日他们还可能需要转播足球、排球等比赛;有的电视台如山西电视台只有在比赛前工作人员才会凑到一起参与转播,平时大家隶属于不同的部门,分别有着采访、新闻等其他不同任务;此外,山西电视台播出的一档谈话类篮球节目《我为篮球狂》也是该电视台自产自播的节目。笔者走访了多地电视台,多次与电视台工作人员共同转播 CBA 联赛,通过交谈发现,这些制作人员转播一场 CBA 比赛的报酬都很低,分别以不同的形式发放,有的以加班费形式,有的以积分形式,有的以工作量形式,还有的以年终奖的形式等,但总体费用较低,大部分工作人员缺少对篮球运动的热爱和对篮球知识的了解,对明星球员不熟悉,对球队情况不太了解,还有些工作人员在转播到加时赛时,会有厌恶急躁的情绪,由于体育场馆大多在城市的郊区,转播比赛也大多是在周末,一些人员希望比赛早点结束回家。在专题片方面,工作人员透露,制作成本较高、缺乏新颖的题材以及资料掌握的时效性和全面性不够是阻碍篮球专题片做好做新的主

要原因。很明显,这种台内制播分离的模式严重影响了 CBA 的电视转播质量。

四、CBA 联赛电视转播制播分离模式的优势与不足

广电总局发展研究中心的李岚认为,实施制播分离的最终目的是降低制作成本,引入竞争机制,谁的节目质高价优就购买播放谁的节目。[1] CBA 联赛电视转播的制播分离模式属于台内分离模式,制作方隶属于各省市电视台的体育转播部,播出方大多是各省市电视台的体育频道。这种模式的确立保证了自己制作的节目能获得播出机构的认可和播出,在节目审查方面较容易通过。同时,各地方电视台制作的 CBA 联赛专题节目也能得到一定的播出时间,此外,制作费用有一定的财政保障也是此模式的一大优势。但这种制播分离模式制作出来的产品质量总体不高、成本偏高、缺乏外来制作公司的市场竞争,其内部运行机制僵化,受到多部门行政壁垒的束缚,整体效率偏低,这与外来制作公司很难获得节目制作权、与播出机构不平等的市场谈判地位有很大的关系,也违背了广电总局实施制播分离模式的初衷。美国 NBA 联赛成熟的制播分离模式有很多值得学习的地方,NBA 联赛电视转播的电视信号由 NBA 公司旗下的 NBA 娱乐公司完成,然后将信号传送给拥有电视转播权的播出机构如 ESPN、TNT、CBS 等,与 CBA 联赛的电视转播相比,两者最大的区别表现在制作方和播出方两个方面,如表 11 所示。

---

[1] 李岚.新形势下深化制播分离改革的几点思考[J].中国广播电视学刊,2016,03:71－73.

表 11　CBA 与 NBA 联赛制作方与播出方对比表

联　赛	主要制作方	主要播出方
CBA 联赛	各省市地方电视台	比赛双方所在省市电视台体育频道
NBA 联赛	NBA 娱乐公司	拥有电视转播权的播出机构

　　从上表可以看出,CBA 联赛的制作方来自各省市电视台,制作水平参差不齐,这与各地方电视台对 CBA 联赛的重视程度、地方经济环境、制作人员素质等有关;NBA 联赛的制作方基本由 NBA 娱乐公司完成,一支精良的、专业的制作队伍保证了 NBA 联赛的信号制作每场均处于很高的水准,差异不大。在播出方方面,CBA 联赛是交战双方所在的省市电视台体育频道,重点场次 CCTV - 5 也会参与转播,在我国节目市场中,播出平台处于强势地位,由于制作方同样是各省市地方电视台,只是部门不同,所以在节目的审查方面,较容易通过;而 NBA 的播出方是拥有电视转播权的播出机构,美国的电视市场主要依赖市场化的运作,基本按照市场规律进行买卖,播出方买卖电视产品需经过严格的审查程序,对制作方起到了很好的监督作用,正是这种台外的制播分离模式使得 NBA 联赛的电视转播水平高、节目内容丰富、节目创新和开发也逐渐增多。此外,美国颁布的《金融利益和辛迪加法案》和《黄金时间准入法案》有力地推进了美国广播电视制播分离改革的实施,促进了买方市场的形成,可以说美国广电业的制播分离改革是政府干预强制性地将节目制作和播出两个环节拆开,防止垄断的权利过大,扶持了独立节目制作市场的发展,这些方面值得我国在实施制播分离改革时学习和思考。

私营商业体制、公私兼营体制和国营体制是当今三大传播体制。现行的中国广播电视管理体制与 CBA 联赛市场进度的不一致性,成为制约 CBA 联赛电视转播的重要因素。CBA 联赛电视转播的制播分离改革基本是台内的改革,播出平台仍处于强势地位,CBA 联赛的电视转播需要依靠各地方电视台制作完成,再加上 CBA 联赛电视转播权几乎没有专门的法律保护,严重地影响了电视转播权的营销、电视画面的制作及篮球节目制作的创新性,使得 CBA 联赛电视转播的整体质量不高。

4.4 CBA 联赛电视转播公用信号制作的理念、流程与标准

体育赛事公用信号的制作是由西班牙国家电视台前总工程师玛诺洛·罗梅罗在 1992 年巴塞罗那奥运会提出的,赛事信号制作设想的提出最初是针对以往奥运会举办国信号制作团队在本国运动员、教练员、观众的镜头景别和时长分配上存在不公平的现象。[1] 为了克服这种个人立场的转播,真实完整详细地记录奥运会比赛,1992 年罗梅罗提出运用"多国部队"的形式制作电视公用信号,即挑选世界各国的电视精英,统筹租用有关电视设备,确定奥运会的电视国际公用信号制作的理念、制作统一的电视信号制作标准,以确保奥运会各

[1] 程志明,任金州.体育赛事电视公用信号制作专论[M].北京:北京师范大学出版社,2010,9.

项比赛项目转播信号的高质量。

我国体育赛事电视公用信号的起步较晚,在 2004 年雅典奥运会上,以中央电视台为核心的信号制作团队第一次参与奥运会公用信号的制作,并成功地完成了乒乓球、羽毛球和现代五项三个项目的电视国际公用信号制作任务;2008 年奥运会更是承担了七个项目的电视国际公用信号的制作任务;此外 2006 年多哈亚运会、2010 年广州亚运会、2012 年伦敦奥运会中央电视台独立或者联合各地方电视台完成了国际体育赛事公用信号的制作任务,为我国电视公用信号的制作积累了丰富的理论知识和实践经验。本章主要讨论以下两方面内容,第一,CBA 联赛电视转播公用信号的制作理念及手段,第二,CBA 联赛电视转播公用信号赛前、赛中、赛后的制作流程及与其相匹配的制作标准。除此之外,本章还将重点分析 8—10 机位的功能和效果,结合 CBA 联赛把关人体系中各岗位人员的现状,规范其岗位职责与要求,从整体上研究 CBA 联赛电视转播公用信号制作的整个过程。

4.4.1 CBA 联赛电视转播公用信号制作的理念与手段

现代体育赛事电视公用信号的制作理念越来越明确,"公平、平等、无偏见""运动、激情与美感"逐渐成为信号制作团队达成的最基本的共识。这些理念同样适合篮球职业联赛的电视信号制作,但篮球项目有其特殊性,运动员在比赛中身体对抗的力量、横向移动的速度、纵向跳跃的高度要求信号制作团队不仅要把比赛准确无误地记录下来,还要求把一场篮球比赛拍成一部电影大片,让观众享受这种视觉大餐,这才是篮球职业联赛信号制作的终极目标。[1] 此外,受众对篮球明星的喜爱与追求也要求在信号制作过程中突出强调明星球员在比赛中的作用。本文通过对 NBA 和 CBA 比赛画面内容的分析和对近 400 场 NBA 比赛视频的观看,在"公平、平等、无偏见"和"运动、激情与美感"两大基本理念的基础上,再提出"内容的故事性、戏剧性与创造性"理念和"明星球员的热点追踪""用实时数据、慢动作回放与集锦形式来叙述、解读比赛"两大手段。

4.4.1.1　公平、平等、无偏见

"公平、平等、无偏见"的体育赛事信号制作理念来源于体育运动项目本身,来源于奥林匹克精神,这是信号制作过程中最基本、最重要的一个理念。篮球比赛本身是残酷的,运动员在场上你争我抢,每球必争、与时间赛跑、分秒必争的情景屡屡出现,每场比赛都会有赢家和输家,胜利者的喜悦、失败者的泪水都是观众所希望看见的,那么如何"公平、平等、无偏见"地完整、无误、详细记录比赛的全过程呢? 奥运会电视委员会的要求是要用不懈的努力力争对每一位奥运会选手进行公正、平等的报道,无论是实时,还是重放,都要更多角度地对每一位运动员的动作做紧凑、富有表现力的拍摄。这个要求多

---

[1]　任金州.体育赛事电视公用信号制作标准指南[M].北京:中国传媒大学出版社,2009,178.

次强调"每一次",强调"每一位运动员",如果哪个制作团队触犯了这个要求,那么奥运会电视委员会将不会邀请他们参与下一届的电视信号制作,可见奥运会对于"公平、平等、无偏见"的严厉、苛刻、零容忍的态度,必须严格执行。

CBA 电视信号的制作基本是由各地方电视台制作完成,谁打主场,电视信号就由主队所在地的电视台制作信号(有些场次央视转播的除外)。由于很多团队制作人员是主队的球迷,与主队球员甚至教练都有过交往联系,也由于区域限制的壁垒,地方电视台的播出范围不是全国性的,只限于本省甚至某几个地市播出,因此在信号制作过程中会有一些不公平的现象,主客队球员、教练员的镜头时长、镜头数量、字幕呈现数量、慢动作的次数甚至主场球迷与客队球迷方面都有区别对待,给予了主队更多的关注。有些工作人员还"振振有词"地认为这是为了满足当地观众的欣赏需要,当地观众更想看本地球员的表现,但是这些行为在信号制作过程中是不容许出现的,因为当你成为信号制作团队的一员时,你就不再属于哪个电视台的工作人员,你是为所有观众服务的,同时"公平、平等、无偏见"的制作也是对对手的尊重。这在奥运会篮球赛事信号制作中有明确的规定,双方运动员镜头的比例,通常是 50%对 50%。

当然,比赛是残酷的,有赢家也有输家,在保证基本的公平、平等的基础上,在信号制作过程中还要在一定程度上顾及获胜优先的原则,可以将镜头先照顾获胜方,由于输赢的机会是均等的,这种获胜优先原则的合理使用也是对比赛"公平、平等、无偏见"的体现。

4.4.1.2 运动、激情与美感

在体育比赛中,运动员是赛场上的"国王",我们不仅要公正、平等、无偏袒地记录比赛的全过程,还要利用镜头流畅的切换反映比赛内在的逻辑性,通过生动的现场画面、震撼的现场声音、慢动作的回放以及字幕恰到好处的使用为观众提供详细的信息和深刻的内容。运动员晶莹的汗珠、在比赛中所宣泄的各种喜怒哀乐的情绪、裁判员对于比赛局面的掌控以及现场观众观看比赛的紧张心情等,在电视信号制作过程中,都为千变万化的比赛气氛提供了"画龙点睛"的烘托作用,电视信号的制作人员务必要抓住比赛中这些精彩的细节画面,将"运动、激情与美感"的理念发挥到极致。

体育比赛是美的,一场高水平的篮球比赛,给观众带去了无穷的乐趣、愉悦的心情和巨大的美感。篮球运动员身材高大、形体匀称、肌肉发达、速度快、柔韧性好、弹跳力惊人,全能的身体素质向人们展示了体质之美、阳刚之美;在比赛中运动员高超的技艺、卓越的表演,使健、力、美融为一体,达到了绝妙无比的艺术境界,向人们展示了技艺之美;运动员技术特点各不相同,进攻与防守的转换,场上攻守之间的激烈对抗表现出动态之美;篮球比赛是一种典型的讲究张弛相宜节奏的运动,人们在观看和体验的过程中也无不感受它的变幻无穷的节奏之美。人们都喜欢看"篮球之神"迈克尔·乔丹的比赛,乔丹除了技术、战术、身体条件、意志力高于其他运动员之外,对于比赛的解读能力、关键时刻个人的决策能力、对比赛大局的控制能力也让人们赞叹,不论面对什么样的防守,他总能根据场上的情况得分或帮

助队友得分,动作真真假假,虚虚实实,让对手摸不清楚他的意图,这体现了他的智慧之美。

篮球比赛的身体对抗、力量对抗,对时间、空间的争夺是常态,一场比赛有胜利者也有失败者,要记录胜利者喜悦的笑容,更要记录失败者拼尽全力无可奈何最终败下阵来的泪水,场上是对手,场下是朋友,一次拥抱、几句问候这些细节都是制作人员应该关注的,这也是对运动员认真完成工作的尊重,体现了"人文"精神。同时要特别注意,在篮球比赛中,由于对抗激烈、身体接触多,受伤的画面经常出现,为了体现情感的关怀,从"以人为本"的角度出发,镜头要避免长时间地集中在受伤运动员的受伤部位和运动员倒地之后疼痛难忍的痛苦表情上,这是对运动员的尊重和保护,避免运动员积极、健康的形象受到损害,也是对篮球运动的保护,保留篮球运动在人们心目中的美好形象,避免让观众对篮球运动产生畏惧感,否则会对篮球运动的推广不利,会有违篮球运动鼓励强身健体的本意;同时少数欣赏水平低的观众,对比赛场上的负面新闻如球场暴力、运动员受伤、运动员走光更加感兴趣,甚至超过了对体育比赛本身的关注,电视信号的制作人员不应该助长这种不良的社会风气,电视媒体的责任是引导观众正确欣赏比赛。当然面对这种情况我们需要应急的处理办法,导演可以把画面更多地切向现场观众、同伴、教练员,通过他们不同的表情,有的担心、有的焦急、有的泪流满面、有的默默祈祷,向电视观众间接地表达突发情况,把电视观众的关注焦点拉回到整个比赛过程之中。

4.4.1.3 内容的故事性、戏剧性与创造性

篮球比赛电视公用信号的制作要按照统一的标准、规范化的要求制作出来,但是机械性地执行信号制作只会让制作出来的信号产品显得呆板而缺乏灵动的表现力,因此需要我们的制作队伍有创造性的制作。一场高水平的篮球比赛,观看的人数众多,小到六七岁的孩子,大到七八十岁的老人,各行各业的人群对篮球运动的理解不尽相同,每个人的性格、个性也是千姿百态的。如何让差异巨大的观众能看懂比赛,如何吸引他们,这就需要我们的制作人员细心地研究篮球比赛,精心设计镜头,充分地使用现代化的设备。

"内容的故事性、戏剧性与创造性"这一理念就是在这样一种背景下应运而生的。岗位分工的细化与科学化,改变了以往一场篮球赛事电视信号制作通常由一个导播负责,策划、调机、切换、慢动作、字幕什么都管的状况。以前的"导播制"变成现在的"导演制",这不仅仅是名称概念的转变,更是制作理念的更新。如今出现总导演、助理导演、场地导演、慢动作导演、字幕导演、切换员六个岗位,这也是业内俗称的"一变六"模式,合理的岗位安排给导演留出了更多的时间和精力,同时也赋予导演更多的创作使命。导演应想方设法使篮球比赛的制作像写小说一样,用"讲故事"的手法记录比赛场上球员之间龙争虎斗的精彩场面。那么如何才能将场上的画面用"讲故事"的手法记录下来呢? 又如何通过镜头的语言让观众理解制作人员的意图呢?

讲故事就一定要有内容,笔者认为除了用镜头讲述比赛的基本

过程之外,比赛中的细节和场上场下人员的情绪是最能反映一场篮球赛事内容的要素。例如在 NBA 比赛中,尤其是圣诞大战、总决赛这种类型的高级别比赛,比赛总是围绕着主队和客队的某一个球员或某几个球员展开。前几年洛杉矶湖人队遇到克利夫兰骑士队,湖人队 24 号科比和骑士队 23 号詹姆斯成为赛前人们热议的话题,在比赛中,两名球员的进球、助攻、抢断、失误等导演都会给予更多的关注,"24 VS 23"是这个故事再好不过的主线,围绕着这条主线,两名球员的每一次进球、每一次助攻、每一次暴扣、每一阶段的飙分,甚至当他们在场下休息,为队友的精彩表现欢呼鼓励加油,导演都会给予更多的镜头,在转播过程中导演通过对这些细节的把握为观众送上了一份视觉上的大餐。情绪也是一场比赛中很重要的因素,慢动作回放是表达情绪的重要手段,通过现代高科技的设备,在高速慢动作回放中,把运动员比赛时的手上动作、晶莹的汗珠、比分落后时焦急的表情、打进涨士气一球的兴奋举动、教练员之间斗智斗勇的临场指挥动作和观众的情绪变化等准确、完整地记录下来,找出比赛自身的亮点。此外,面对转播过程中的戏剧化的场景,我们更需要及时抓住这些信息。在 NBA 赛场上,有"大鲨鱼"之称的奥尼尔在职业生涯末期的每次飞身救球都会成为摄像师乐于拍摄的素材,由于奥尼尔巨大的身躯,他的飞身救球可能会"伤及"替补席上的其他球员,后来,当球员看见奥尼尔准备飞身救球时,便会主动、自觉地离开替补席,留下空荡荡的座位,对这些素材的拍摄会带给电视观众轻松一刻的娱乐心情,把观众从比赛紧张的气氛中释放出来。

CBA 同样有很多比赛的亮点,随着外援球员的引进,外援成为球队的主要得分手。2014—2015 赛季常规赛上海队的比斯利和重庆队的沃伦的"匹马单枪"的表演;转会球员哈德森面对老东家时的赛场表现;曾是师徒关系的张勇军、李群现在是不同球队的主帅,他们的临场指挥、执教风格等颇具看点;"处子秀"小将周琦的神勇表现;国内球员如何对抗外援;两队榜首之争;曾经的国青队友赵继伟、周琦现在各为其主,看他们如何为主队赢下胜利,等等。例子有很多,亮点也有很多,把握住细节,强调人员的情绪,这就要求我们的电视公用信号制作人员对篮球项目熟悉,对 CBA 热爱和了解,对场内外信息能及时、准确把握,对岗位认真负责……做到这些方能把一场篮球比赛成功地制作成一部电影大片,让观众更好地享受比赛。

4.4.1.4 明星球员的热点追踪

职业篮球赛事与奥运会和 FIBA(国际篮球联合会)的篮球赛事还是有区别的,职业篮球比赛是运动员、教练员以及工作人员生存的舞台,可以说打球就是他们的职业,是"饭碗",其中比赛的残酷性、戏剧性、整体性以及显著的明星效应是职业篮球比赛的基本特点。

众所周知,美国的 NBA 是世界上最赚钱的职业篮球联盟,从 20 世纪 80 年代"黑白双雄"的对峙到 90 年代迈克尔·乔丹的力压群雄,再到 1996 年黄金一代的人才辈出,随后 2003 年一代的詹姆斯、韦德、安东尼,现在的"浓眉哥"戴维斯、欧文、沃尔等球星的崛起,每个时代都有球星深深地印刻在人们的脑子里面。他们擅长打造每个球队的明星球员,将 NBA 选秀,进入 NBA 赛前的新闻采访报道,赛中多角度、全方位的镜头追踪,赛后的球星采访,甚至球场外球员的新闻花絮、绯闻等都通过电视转播传播到世界每一个角落。在赛事制作过程中,明星球员的镜头也比普通运动员多很多,这是观众希望看见的,明星球员是一场比赛的重头戏,是故事的焦点,是这部篮球电影的主线,围绕着明星球员展开话题是很有必要的。

CBA 赛场也不缺乏这样的明星,从国外大牌外援到"国字号"球员,都是观众心目中的球星,首先我们要学会造星,然后在赛事制作过程中学会推广明星、宣传明星。2015 年亚锦赛期间的节目《霍楠探营》就是一个很好的例子,赛前通过霍楠的探营让观众了解到中国队更多的备战情况,对每个球员的谈话式采访拉近了球员与观众的距离,球员的镜头曝光率也比往届比赛多了很多,这些"国字号"球员都是观众心目中的球星也是中国队战胜对手的英雄。这种明星球员热点追踪的方式值得 CBA 联赛学习、借鉴和模仿。

总之,造星、宣传明星、多给明星镜头,让观众观看到更多他们想看的画面,这是满足观众观赏的需要,也是满足赞助商的需求,更能对 CBA 联赛起到更好的推广作用,篮球赛事的制作者务必要在转播过程中充分使用此手段,以突出对明星球员的关注,形成强力的造星氛围。

4.4.1.5　用实时数据和慢动作回放与集锦形式来叙述、解读比赛

随着国家经济的高速发展、人民生活水平的提高,观赏体育比赛已经成为人们娱乐消遣聚会的主要方式。同时人们对赛事转播质量也提出了更高的要求,不能仅停留在对运动员比赛出场顺序、两队交战成绩和一些基本数据的简单叠加这个层面。把比赛分成赛前、赛中和赛后来看,赛前的消息主要包括比赛时间、地点、流程等方面,程序相对容易、固定,主要让观众更好地了解本场比赛的相关信息;赛后可安排对主客队教练员、运动员的采访以及对整场比赛数据的分析与总结,总体来说,还是相对简单的;在比赛过程中,篮球比赛攻守速度快,比赛瞬息万变,对比赛中发生的情况要用字幕加数据的形式解读比赛,一段时间重点球员的连续得分、整个队的高潮得分、落后20多分的逆转原因、绝杀球的战术配合等数据,都需要信号制作人员加以总结、归纳,需要工作人员及时地从浩瀚的数据里提炼出有价值的、可以解读比赛进程的有效数据,这一部分的数据分析不像赛前的数据信息有严格的规定,是相对灵活的,信号制作人员对篮球比赛解读能力的深浅、解读速度的快慢直接决定着一般电视观众能不能看懂比赛。

此外,在篮球比赛中,每个暂停、节间休息、半场休息、吹哨停表等,基本都会有慢动作的回放,这些慢动作的出现对叙述比赛进程、解释比赛状况起到很大的作用。一个没有看清楚的犯规,可以用另一个角度的机位以慢动作的形式呈现出来;某支球队的连续得分,客队教练喊出暂停,在此期间,可以播放前一阶段连续得分队的精彩进

球使观众了解比赛的状况；核心球员的精彩表现也可以慢动作集锦的形式展示出来，当然有好的表现就会有不好的表现，都可以慢动作的形式表现出来。

在篮球赛事信号制作中，实时数据、慢动作是一场比赛能不能转播成功、观众能不能看懂比赛的关键因素，应要做到用实时数据说话，用慢动作回放与集锦形式来叙述、解读比赛，这样我们的篮球比赛才更有味道。

综上所述，在职业篮球联赛电视转播这五个方面，CBA 电视公用信号的制作人员做得都不太好。据笔者了解，制作人员或许不清楚转播一场职业篮球联赛的理念包括哪些方面，他们大多数是电视媒体的专业人员，而对篮球项目的理解不深刻，也不知道一场篮球比赛的故事该怎么写，更谈不上"内容有故事性、戏剧性和创造性"了；很多制作人员连基本的首发上场球员都认不清楚，对"明星球员的热点追踪"这一手段的运用更是无从谈起。电视台通过近几个赛季聘请篮球专家指导及 2015—2016 赛季邀请美国 ESPN 来华培训的方式，让制作人员在用数据、慢动作解读比赛方面有了长足的进步，这一点是值得肯定的。但数据更多是实时数据，对以往比赛球员、球队的数据保存我国相关机构做得还很不好，由于以前数据的缺失，当球员打出突破个人、球队及整个联赛的精彩比赛时，电视台在对 CBA 联赛进行电视转播过程中无法把这些信息和画面第一时间传到电视观众面前，数据的缺失很大程度上与以往电视转播画面没有拍摄到位有关，因此有些数据无法获得。

4.4.2 CBA 联赛电视转播公用信号的制作流程与制作标准

4.4.2.1 CBA 联赛电视转播公用信号赛前的制作流程

目前,我国 CBA 联赛的电视转播拥有一套自己的制作流程,每场比赛前各电视台按照统一的流程制作信号,统一将信号通过卫星传输到鸿瑞新枫(北京)体育发展有限公司,然后再以高清格式根据需要分配给各转播机构相应的场次。下面以 CBA 2015—2016 赛季为例简单介绍 CBA 公用信号的制作流程。

表 12　CBA 联赛电视转播赛前 60 分钟流程表

入　点	出　点	时　长	内　容	字　幕
−60:00	−30:00	30:00	测试	

注:测试信号从赛前 60 分钟回传至鸿瑞新枫 CBA 联赛电视制作中心赛前单边环节

表 13　CBA 联赛电视转播赛前 30 分钟流程表

入　点	出　点	时　长	内　容	字　幕
−30:00	−26:00	04:00	彩条+千周	
−26:00	−25:00	01:00	彩条+千周	
−25:00	−24:45	00:15	1 号机大全	传送信息字幕
−24:45	−24:30	00:15	6,7 号机大全	赛前单边预定列表
−24:30	−20:10	04:20	赛前第一位置单边	
−20:10	−19:55	00:15	1 号机大全	第二单边字幕
−19:55	−15:35	04:20	赛前第二位置单边	
−15:35	−15:20	00:15	1 号机大全	第三单边字幕

(续表)

入　点	出　点	时　长	内　　容	字　幕
-15:20	-11:00	04:20	赛前第三位置单边	
-11:00	-10:30	00:30	1 号机大全	
-10:30	-10:03	00:27	倒计时时钟	
-10:03	-10:00	00:03	黑场	

注：1. 所有单边必须在赛前 11 分钟前完成。
　　2. 信号制作电视台根据鸿瑞新枫提供的电视台单边预定需求提供赛前单边拍摄。
　　3. 如无单边预定，可使用"CBA"话筒进行双方主力队员官方采访。
　　4. 单边完成后，尚有时间，拍摄"赛前气氛"。

表 14　CBA 联赛电视转播赛前 10 分钟流程表

入　点	出　点	时　长	内　　容	字　幕
-10:00	-09:30	00:30	片头动画	
-09:30	-09:15	00:15	5 号机置于右侧底线近端地面拍摄，45 度广角侧全，画面由实转虚	比赛标题字幕
-09:15	-09:00	00:15	5 号机置于右侧底线近端地面拍摄，45 度广角侧全，画面由虚转实	场馆信息字幕
-09:00	-08:45	00:15	1 号机大全	
-08:45	-08:30	00:15	2 号机半场小全—客队热身，画面由实转虚	客队全队名单字幕
-08:30	-08:15	00:15	1 号机大全	
-08:15	-08:00	00:15	2 号机半场小全—主队热身，画面由实转虚	主队全队名单字幕
-08:00	-07:45	00:15	1 号机大全	
-07:45	-07:30	00:15	2 号机小全—客队半场	
-07:30	-07:15	00:15	2、3、4、5、6、7、8 号机客队重点球员热身	
-07:15	-07:00	00:15	1 号机大全	双方历史交战记录
-07:00	-06:45	00:15	2 号机大全—主队半场	
-06:45	-06:30	00:15	2、3、4、5、6、7、8 号机主队重点球员热身	
-06:30	-06:15	00:15	1 号机大全	
-06:15	-06:00	00:15	4 号机小全—客队球员进场介绍	
-06:00	-05:45	00:15	2 号机人全—客队进场球员	

（续表）

入　点	出　点	时　长	内　　容	字　　幕
−05:45	−05:35	00:10	4 号机近景—客队主教练	客队主教练字幕
−05:35	−05:25	00:10	1 号机大全	
−05:25	−05:10	00:15	5 号机小全—主队球员进场介绍	
−05:10	−04:55	00:15	2 号机人全—主队进场球员	
−04:55	−04:45	00:15	5 号机近景—主队主教练	主队主教练字幕
−04:45	−04:30	00:15	1 号机大全	
−04:30	−04:20	00:10	奏国歌（2 号机国歌特写）	
−04:20	−04:00	00:20	4 号机中景移动—客队球员	
−04:00	−03:50	00:10	8 号机观众小全	
−03:50	−03:30	00:20	5 号机中景移动—主队球员	
−03:30	−03:15	00:15	1 号机大全（双方球员握手）	
−03:15	−03:00	00:15	8 号机裁判介绍	裁判字幕
−03:00	−02:00	01:00	2、3、4、5、6、7、8 号机双方赛前座席、热身气氛、啦啦队表演、观众	双方历史成绩字幕
−02:00	−01:45	00:15	2 号机全景—客队首发球员	客队首发字幕
−01:45	−01:30	00:15	1 号机大全	
−01:30	−01:15	00:15	2 号机全景—主队首发球员	主队首发字幕
−01:15	−00:45	00:30	2、3、4、5、6、7、8 号机选手入场，双方重点球员	
−00:45	−00:30	00:15	1 号机大全（包括全场上球员及三名裁判）准备跳球	
−00:30	−00:15	00:15	3 号机人全，双方跳球队员	
−00:15	00:00	00:15	1 号机大全（包括全体场上队员及三名裁判）	
00:00			比赛开始	

注：以上电视公用信号制作流程依据 CBA 联赛官方手册比赛程序编制

　　如前所述，电视公用信号的统一制作要求公平、平等、客观、高水准，不能杂乱无章、带有偏向性地将一场电视转播呈现给观众。相信所有对 CBA 赛事关注的电视观众对转播都有共同的期待，通过电视信号的统一制作，我们可以得到即时的画面、丰富的视角以及全面的赛场信息，使观众更好地享受 CBA 激动人心、充满悬念的比赛场面。

4.4.2.2　CBA 联赛电视转播公用信号赛中、赛后的制作流程

　　CBA 联赛在比赛过程中，暂停期间、节间休息和中场休息期间都会插入电视广告，有些联赛为了满足电视广告的需要，甚至会增加暂停的次数，但转播联赛电视信号的制作人员还是有任务的，下面简单介绍在 CBA 联赛赛中和赛后电视信号的统一制作流程。

　　在暂停期间机位的分工与配合与暂停时间的长短有很大的关系，表 15、表 16 分别展示在不同的暂停时间，各个机位是如何处理的。表 17、表 18、表 19 是节间休息、中场休息和赛后各机位的分工与配合情况表。

表 15　CBA 联赛电视转播暂停开始 1 分钟各机位使用情况表

入　点	出　点	时　长	内　　容
−01:00	−00:55	00:05	3 号机跟明星球员下场
−00:55	−00:50	00:05	2 号机喊暂停队休息区全景
−00:50	−00:35	00:15	4、5、8 号机暂停教练、重点球员近景及休息区全景，音频配合，确保教练声音清晰
−00:35	−00:15	00:20	
−00:15	−00:00	00:15	4、5、8 号机被叫停方教练、重点球员近景及休息区全景，音频配合，确保教练声音清晰
−00:00	—	—	1 号机大全

表 16　CBA 联赛电视转播短暂停开始 30 秒各机位使用情况表

入　点	出　点	时　长	内　　容
−00:30	−00:20	00:10	2 号机喊停方休息区全景
−00:20	−00:10	00:10	4、5、8 号机叫停方休息区小全，音频配合确保教练声音清晰
−00:10	00:00	00:10	4、5、8 号机被叫停方休息区小全，音频配合确保教练声音清晰
00:00	—	—	1 号机大全

表 17 每节的休息期间,各机位的分工与配合情况表

入 点	出 点	时 长	内 容
-00:20	-01:55	00:05	1 号机大全景
-01:55	-01:40	00:15	2、3、6、7、8 号机双方重点球员下场
-01:40	-01:25	00:15	4、5、8 号机跟拍比分领先球队休息区教练、重点球员近景
-01:25	-01:10	00:15	4、5、8 号机跟拍比分落后球队休息区教练、重点球员近景
-01:10	-00:50	00:20	1 号机大全景
-00:50	-00:10	00:40	
-00:10	00:00	00:10	2、3、6、7、8 号机双方重点球员上场
00:00			1 号机大全下节比赛开始

表 18 中场休息开始 10 分钟倒计时,各机位的分工与配合情况表

入 点	出 点	时 长	内 容
-10:00	-09:45	00:15	1 号机大全
-09:45	-09:30	00:15	2、3、4、5、6、7、8 号机双方重点球员下场
-09:30	-09:15	00:15	1 号机大全景
-09:15	-08:15	01:00	
-08:15	-08:00	00:15	1 号机大全景
-08:00	-03:00	05:00	中场单边
-03:00	00:00	03:00	啦啦队表演
00:00			1 号机大全,下节比赛开始

表 19 赛后相关流程表

入 点	出 点	时 长	内 容
00:00	01:00	01:00	2 号机中景,双方教练握手,双方重点球员下场,1 号机全景
01:00	02:00	01:00	客队主教练官方采访
02:00	03:00	01:00	主队主教练采访
03:00	03:15	00:15	1 号机全景
03:15	03:25	00:10	1 号机全景
03:25	03:40	00:15	6、7 号机全景

（续表）

入　点	出　点	时　长	内　容
03:40	03:55	00:15	1 号机全景
03:55	05:55	02:00	赛后第一单边采访
05:55	06:10	00:15	1 号机全景
06:10	08:10	02:00	赛后第二单边采访
08:10	08:25	00:15	1 号机全景
08:25	13:25	05:00	
13:25	13:40	00:15	1 号机全景
13:40	14:10	00:30	黑场

在篮球比赛中，出现上述任何一种情况都需要各机位的分工与相互配合，每种情况都有一些主要机位和次要机位，各机位分工不同，主要机位务必要保证完成自己的任务，其他机位可适当创作性地拍摄其他景别供导播使用，总之八个机位的相互配合是为了在转播过程中避免球场信息的丢失，更好地服务于电视转播。

4.4.2.3　CBA 联赛电视转播公用信号的制作标准

既然 CBA 联赛有统一的制作流程，也缺少不了与统一流程相匹配的制作标准，笔者有机会参与 CBA 联赛的电视转播，从摄像机位的角度出发，总结各机位的功能并分析在"把关人"体系中各岗位人员的职责与现状。

一、CBA 联赛的摄像机位效果图及各机位的功能

摄像师的拍摄能力，往往直接决定拍摄画面的效果。有经验的摄像师，应当具备扎实的基本功、掌握相应的拍摄技巧、对运动项目特点有较深刻的认识且有解读比赛、快速捕捉精彩画面的能力。篮

球比赛由于球员身材高大、速度快、攻守转换频繁,是一项横向高速移动和纵向跳跃的运动项目,再加上体育比赛现场直播及时性的特点,对摄像师提出了快速反应、迅速整合和高速拍摄的能力要求。摄像师是电视公用信号制作队伍的一双眼睛,从不同角度、不同高度运用不同的景别进行拍摄,以达到期望的画面,其拍摄出来的画面直接影响电视转播的信息内容和价值取向。

目前,CBA 联赛常规赛有 8 个机位,季后赛有 9 个机位,总决赛有 10 个机位,摄像机的数量随着比赛进程逐步增加,强调利用比赛技术统计信息和慢动作回放推动比赛叙事。在达到机位设置的基础上,各电视台可根据自身情况自主增设机位,提高制作标准。下面重点介绍常规赛、季后赛以及总决赛的基本机位图及各机位的功能。

图 6　CBA 常规赛机位图(8 机位)

图 7 CBA 季后赛机位图(9 机位)

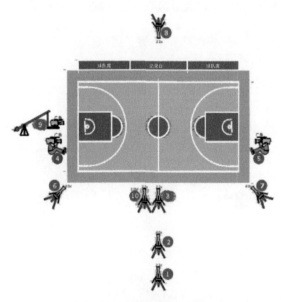

图 8 CBA 总决赛机位图(10 机位)

1号机的位置与功能：1号机是主机位，位置在正对球场中线观众席上方平台，距离场中心点大约18—20米之间，距离地面高度7—12米之间，成夹角大于30度小于45度。它的主要功能是记录比赛的全过程，在比赛中，半场至全场的大全景，有时候暂停和休息时候的大全景，主要拍摄全景等，1号机拍摄效果如图9所示。

图9　CBA联赛1号机位拍摄效果图

2号机的位置与功能：2号机通常放置在1号机的右侧。它的主要功能是拍摄动作近景和分解动作、持球队员的个人全景或近景、教练员近景、罚篮以及一些慢动作的回放等，2号机位拍摄效果如图10所示。

3号机的位置与功能：3号机在地面层，正对中线，距离场中心点7.65—9.5米，距离地面高度约为70厘米，与地面夹角在5度左右，拍摄时与地面平行或仰拍。它的主要功能是跟拍持球队员和防

图 10   CBA 联赛 2 号机位球员近景拍摄图

守队员的个人全景,拍摄球员、教练员、替补席焦点球员的近景、罚篮以及一部分慢动作回放等,拍摄效果如图 11 所示。

图 11   CBA 联赛 3 号机位球员近景拍摄图

4、5 号机的位置与功能:4、5 号机分别位于左右侧底线后的篮架下方,距离场中心约为 14 米,距离地面高度约为 70 厘米,与地面夹角在 3 度左右,拍摄时与地面平行或仰拍。它的主要功能是拍摄远端半场小全景、近/远端罚篮、篮下 180 度(注意脚下动作)以及慢动作回放等,篮下机位拍摄效果如图 12 所示。

6、7 号机的位置与功能:6、7 号机分别位于左右侧角半高看台,距离场中心点约 16—20 米,距离地面高度为 3.05—3.40 米,与地面

图 12　CBA 联赛篮下机位拍摄效果图

成大于 30 度小于 45 度的夹角。它的主要功能是拍摄球员近景、远端半场（主机位远侧区域）、近端半场（主机位近侧区域）、在强侧时持球队员和防守队员、在弱侧时双方无球队员的争抢和对抗以及进攻后的回跑近景与表情等，拍摄效果如图 13 所示。

图 13　CBA 联赛 45 度机位拍摄效果图

8 号机的位置与功能：8 号机在边线、反角度的中场附近,距离场中心点约 7.65—9.5 米,距离地面高度为 30 厘米左右,向两侧仰拍球队休息区,仰视角度以拍摄到主教练近景为主要目的,兼顾休息区其他成员。它的主要功能是拍摄替补席、教练、裁判、下场球员以及观众等。

9 号机的位置与功能：9 号机是一个场地左侧或者右侧篮座正后方的 10 米摇臂,距离场中心点约为 14—16 米,距离地面高度为 3—6 米,与地面成夹角大约为 10—25 度,周围无其他设备干扰。它的主要功能是拍摄罚篮、场上进攻、防守阵形以及慢动作等画面,通过 9 号机的拍摄增添了拍摄的角度,可以更好渲染场上气氛。

10 号机的位置与功能：10 号机位于 3 号机左侧。它的主要功能是拍摄教练员、明星球员、特色观众的近景以及慢动作回放等画面。

各电视台转播 CBA 联赛的 8—10 名摄像师大多隶属于不同的部门,作为摄像师,绝大部分人员基本功扎实,能熟练地掌握拍摄技巧,但整体拍摄效果却一般,与 NBA 摄像师高超的拍摄水平相比,还存在相当大的差距。目前,CBA 联赛电视转播的摄像师主要存在以下三个问题：第一,由于并非专业制作职业篮球比赛信号的人员,他们仅仅在拍摄技巧等方面熟练、精通,但缺乏对篮球运动的深刻认知,一场比赛的转播该秉承什么样的理念,在拍摄过程中,该关注哪些内容,该拍摄哪些画面,球、球员、教练、裁判甚至观众这些议题在比赛的不同阶段(如罚球、关键球、犯规)该如何处理,他们在这些方面的认知还很不足,导致导演没有合适的素材可用,可谓"巧妇难为无米之炊"。第二,由于 8—10 名摄像师隶属于不同部门,情况稍好的电视台成立了体育转播部(如山东电视台),他们除了转播 CBA 比赛外,还需转播其他比赛如中超山东鲁能的比赛,其任务繁重,转播部的人员大多热爱体育运动,但并非均热爱篮球项目,可以说有些工作人员专业知识不强、热爱程度不够,更不用提对篮球项目有深刻的理解了,更糟糕的情况是在转播比赛前,相关人员从各部门赶到比赛场地,匆忙聚在一起,导演给各岗位人员简单开会,就开始转播比赛了。第三,虽然近些年国内电视体制在逐渐放开体育、娱乐等节目的制作部分,制播分离改革的热浪也始终高涨,但在 CBA 联赛电视信号制作方面,20 支球队的比赛转播均由各省市体育频道制作,各岗位人员都来自当地电视台,缺乏外来制作部门的竞争以及体制内人员完成部门任务的"思想枷锁"、低额的收入是转播人员无法专心、专业、高质量完成拍摄的主要原因。

二、CBA 联赛电视转播"把关人"体系中各岗位的职责和现状研究

在 CBA 联赛电视转播的"把关人"体系中有来自制作电视公用信号的制作人员,如摄像师、总导演、字幕导演、慢动作导演、场地导演等,也有在演播室里根据观众需求和自身电视台的实际情况进行讲解的解说员、评论员及明星嘉宾等,他们对信息进行选择、过滤和加工,在传播中控制信息的流量和流向,是一个系统,其把关行为直接关系到 CBA 联赛电视转播的质量好坏,影响其效果。

参与篮球比赛电视信号制作的人员数量应与每天比赛的场次、工作时间成正比。CBA 每支球队每周有三场比赛,各电视台信号制作的工作人员大多来自不同的部门,他们在白天还有其他繁重的工作任务,如何合理地安排工作人员的构成,在保证信号制作质量和水准的前提下大幅度提高工作效率,是摆在我们面前亟待解决的重要问题。在当今篮球比赛的公用信号制作中,由原来的"导播制"转变为现在的"导演制",我们形象地将其称为导演工作的"一变六"模式,导演工作主要由总导演、助理导演、场地导演、慢动作导演、字幕导演和切换员这六个职能岗位共同完成。下面根据分工,详细介绍不同岗位的职责以及目前我国 CBA 联赛电视信号制作团队各岗位人员的现状。

(一) 总导演的岗位职责

总导演是体育赛事电视公用信号制作过程中的核心人物,依据《奥运会电视公用信号制作手册》的要求,总导演的工作要求是:"负责指令各个摄像机位,掌控慢动作重放顺序、综合图表字幕以及所有和画面相关的音频信号。在比赛现场没有制作人的时候,总导演还需要承担起该项责任。"[1]他需要对各个工种和各个环节的工作提出要求并有所控制,对最终制作出来的公用信号负责。如果说电视公用信号的制作是一个复杂的系统工程,那么总导演就是这个系统中举足轻重的核心和灵魂。总导演的工作包括:深入了解篮球项目的运动规律与特点、精准有效地衔接各个工作岗位,准确无误地掌控时间及流程,妥善灵活地处理突发事件以及运用电视语言优质地呈

[1] 杨斌,任金州.体育赛事电视公用信号制标准指南[M].北京:中国传媒大学出版社.2007,153.

现比赛的全貌。

在 CBA 联赛电视公用信号制作的团队中,总导演的岗位是缺失的,或者被其他岗位如导播代替,很不专业。我们在转播过程中,绝大多数电视台缺乏总结比赛、分析比赛、解读比赛的专业人员和专门岗位,这一岗位的缺失直接导致电视信号制作的质量与水平的低劣,转播过程中,表现出画面切换不及时、画面虚化、重要信息丢失、字幕与慢动作的播放无法很好地解释比赛、其他岗位手忙脚乱等情况。可见,总导演在整个信号制作过程中作用是巨大的,他必须要做到深入了解篮球项目的运动规律、深入研究项目特点,并制定出最优质的电视表现方案,要确立总导演中心制,建立制作团队内部成员之间较为稳定、和谐的合作关系,促进团队内部的默契配合,才可能把一场篮球赛事转播得通俗易懂。

（二）助理导演的岗位职责

助理导演顾名思义要协助总导演的各项工作,做好一切和导演组相关的具体工作,必要时相当于总导演的替补。在信号制作时,主要负责对比赛时间和比赛流程的控制把握,同时根据需要向总导演提供协助。

助理导演要扮演好总导演的助手这一角色,在工作上为总导演提供便利和服务。对于总导演所需要的一切信息,助理导演都应及时准确地给出,以帮助总导演做出正确的判断和决定。在比赛信号制作之前,助理导演要和赛事联络部门沟通,尽早拿到当天比赛的赛程和赛事信息（如运动员名单、对阵、首发球员等）,把每天和赛事相关的最新消息在第一时间内提供给转播车内的各岗位工作人员（特别是总导演和字幕导演）；在比赛信号制作过程中，助理导演需要控制时间流程，协助总导演调机，与场地导演进行配合，及时解决场地里出现的问题，同时监督每场比赛和当天比赛集锦的制作。在整个转播过程中，他也有责任协助总导演、制片人做好后勤保障工作，在衣、食等方面为整个团队提供服务，使得信号制作人员能够心无旁骛地专心做好转播工作。

这个岗位在 CBA 的信号制作团队中基本是没有的，有的电视台的字幕导演会"客串"助理导演的工作，但没有专门的岗位设置，基本上在转播前各岗位工作人员各忙各的，赛前的沟通不多。在笔者参与的转播过程中，有一种"临时抱佛脚"匆匆忙忙的感觉。助理导演这一岗位不能只把自己定位在"助理"的位置上，他对信号制作的全局工作也需要有一个全面的认识，强烈的责任心、较强的应变能力、良好的沟通能力和统筹协调素质、服务意识和团队精神都是助理导演必备的素质，甚至可以说，如果总导演因特殊情况不能继续工作，助理导演在必要时完全可以接替总导演的工作，保证转播正常进行。

（三）慢动作导演的岗位职责

在一项大型比赛的转播过程中，慢动作会以多种形式播出，慢动作承担的主要功能是帮助观众加深对比赛的了解和印象，一个精彩球的及时回放、关键球员的个人精彩连放、没有看清楚的犯规解释等，慢动作导演的工作在整个导演组中，具有至关重要的作用。

慢动作导演主要协助总导演,并负责协调慢动作操作员对慢动作回放画面的选择。在比赛信号制作前期,他要收集参赛运动员的技术资料和相关信息,充分了解制作比赛信号的慢动作设备的配置、运转情况以及操作员的熟练程度,与操作员进行沟通,确定操作口令,反复演练、磨合达到默契配合的程度,并对摄像师、操作员提出慢动作的制作要求。在比赛信号制作过程中,在选择和衔接慢动作画面时,做到眼光独到、判断准确,将角度最佳、画面最优良、最具有冲击力的精彩球以及最能够表现双方球员和教练员情绪的画面重现在观众面前,确保慢动作画面内容的选择、播出时机、速率以及节奏等方面与整个转播风格相一致。

在 CBA 电视信号制作团队中,据笔者了解,大部分电视台没有专门的慢动作导演这一岗位。一般情况下,转播一场比赛有 2—3 名慢动作操作人员,他们既是操作员又是自己的导演,不过在转播过程中,他们会与导播或切换员及时交流,去选择合适的画面解释比赛,但总体来说,他们选择的画面还没有做到眼光独特的要求,更不用说达到优中取精的境界了。在转播过程中,由于他们身兼两项职责,对机器的操作使他们无法专心地关注比赛,有时候会出现顾此失彼的情况。慢动作导演必须要具备较强的画面感和视觉传播意识,要眼光独特,善于用画面叙事,并具备较强的创新思维和学习能力,最终能够将最漂亮、视觉效果最佳的画面呈现给电视观众。

(四)字幕导演的岗位职责

字幕导演主要负责就字幕及图表在总导演和字幕操作员之间进

行协调沟通。他负责把正确的字幕（运动员字幕、成绩字幕以及相关比赛的信息等）准确地告知字幕操作员，再由操作员提供给他，验证无误后，由操作员切出。[1] 字幕导演掌握着整个字幕播出的流程，同时根据比赛的要求，提醒总导演和字幕操作员，及时提供赛事所需的全部字幕信息。

在比赛信号制作前期，字幕导演要熟练掌握信号制作中将要出现的字幕格式，包括字体、字号、版式和上下时机等具体要求，制作清晰、准确的字幕流程和有效的应急预案，赛前与场地导演一起与赛事举办方碰头，确保清楚地知道赛前、赛后以及颁奖仪式的每一个环节，掌握所有与字幕相关的信息。在比赛信号制作过程中，字幕导演要时刻记住"添彩而不添乱"的原则，在给观众提供最大信息量的同时，一定要确保每个字幕的及时、准确、通俗易懂。如果出现模糊或临时变动等特殊情况，宁可不上字幕，也要避免出现错误。在比赛信号制作结束后，整理字幕模板，保存入库，以备日后使用。

在字幕导演的岗位上，笔者的感触最多最深，各电视台从 CBA 2013—2014 赛季开始，经过 3 个赛季的共同努力，绝大部分信号制作团队都有了自己的字幕导演。笔者在刚开始参与电视信号制作工作时也曾担任字幕导演一职，字幕导演除了赛前、赛后基本的工作流程外，在比赛中对比赛的分析能力也很重要，因为字幕信息还有一个非

[1] 程志明,任金州.跃升与质变——体育赛事电视公用信号制作专论[M].北京：北京师范大学出版社,2011,56.

常重要的功能就是帮助观众看懂比赛，也可以说是画面语言的另一种补充。目前，大部分字幕导演在这方面的能力还是不够的，有待进一步的提高。

（五）场地导演的岗位职责

场地导演主要协调导演的画面切换和对摄像机位的调度。通常在比赛场地内综合安排摄像机的布置，他需要随时向总导演提供赛场内的各种信息，例如运动员出场顺序的更改、赛中球员的相关数据等。AOB 的工作手册中对场地导演的描述就是提供场内一切相关的信息，包括字幕信息等工作，总体来讲，场地导演是为电视信号制作队伍收集、提供场地内的信息，并且负责协调、处理赛场上一切同电视信号制作相关问题的岗位。

在比赛信号制作前，场地导演要协助字幕导演落实所有参赛球队、球员资料，在比赛开始前协助字幕导演确定教练员、裁判员、两队首发阵容名单。在比赛信号制作过程中、比赛开始后及时处理场内突发情况，寻找特色群众，及时通知总导演和各相关工作岗位，同时密切注意场内各工作人员和观众的举动，禁止其在摄像机前随意走动，保证制作的信号画面"干净"。在比赛信号制作结束后，帮助维护现场秩序，阻挡影响转播的闲杂人员，必要时要毫不留情地将影响拍摄工作的人驱逐出场地。

现在，每个信号制作团队都有自己的场地导演，场地导演的工作难度总体不大，可是工作任务一点也不轻松，事情相当烦琐。场地导演的工作原则主要包括两个关键词，"协调"与"服务"。协调外方

（包括篮球协会人员、场馆工作人员、裁判员等等）尽量多地接受拍摄方的建议和要求，保证场馆内与信号制作相关的各项工作运转顺利；为拍摄方电视信号制作团队提供服务，满足各岗位的需求，尤其是场地信息方面的需求。

（六）切换员的岗位职责

切换员主要依照总导演指令对公用信号的视频输出部分负责，工作内容包括镜头切换、特技和字幕的插入以及慢动作回放，属于技术人员。

切换员的工作职责总的来说是按照总导演的要求，选择、组合视频信号，制作输出。在比赛公用信号制作前，对赛前的准备工作保持较高的关注度和参与度，与总导演进行沟通，并检查设备是否运转正常；在比赛公用信号制作过程中，根据监视器上的各路信号以及事先拟定的导播脚本，由其他导演配合，选择画面、声音、字幕、特技等信号，完成在导播台上的一次性剪辑，将信号合成输出；在比赛公用信号制作结束后，按照要求完成赛后信号制作的规定动作。

切换员必须要熟悉设备、熟练操作，掌握画面编辑语言与思维方式，熟悉电视公用信号制作的剪辑规则和场面转换方式，画面之间的衔接要做到有节奏且柔和。我国电视信号制作团队这一岗位的人员基本都能胜任此项工作，但如果既担任切换员又担任导演，要求既要能熟练地操作设备又要时刻关注比赛发生了什么，就会使得一些人员力不从心，相应切换员的导演岗位缺失是目前电视信号制作团队中存在的主要问题。当前条件下切换员要能专心做好自己的本职工作,让观众看清比赛,在此基础上让观众能全方位、多角度地看好比赛,用全景把比赛交代清楚,用中景来表现比赛中人物关系,用近景、特写展现关键人物,控制节奏,学会运用画面语言讲述故事、表达情感。

（七）解说员、评论员和明星嘉宾的功能与作用

解说员与评论员是指专门对赛事进行讲解、介绍、分析和评论的专业人员,他们在电视转播中是一种特殊关键的岗位,是建立在观众与体育比赛中的一座桥梁。他们面对的是一个知识层次、年龄层次不相同的特殊群体,既要在转播过程中叙述比赛,又要对比赛中发生的场面进行有效的解读与评判,他们的业务水平、转播情绪、人格魅力可能影响到电视观众对这个频道的喜好,会影响到一个频道的广告收入,还会直接影响体育节目的电视传播效果,甚至会影响人们对这项运动的喜好。目前在我国拥有一批出色的解说评论员,央视的张卫平、于嘉,五星体育的唐蒙都是大家熟悉的"名嘴",他们在比赛中的解说引导着我们从未知的世界走进体育的殿堂,还引导我们对体育产生热情,可见他们在体育电视转播中作用重大。

同时,把明星嘉宾请到演播室解说或评论比赛,也是为了更好地帮助电视观众读懂比赛。他们利用自己的专业知识向观众解读比赛的进程、讲述球场上技战术发生的变化,一次暂停一次换人一次犯规里面都包含着教练员的思想,通过他们的解说,使体育赛事的电视转播更加专业化,目前我国 CBA 电视转播通常会用"解说员+明星嘉宾"的模式去转播比赛。

"公平、平等、无偏见"和"运动、激情与美感"是当前国际篮球转

播的两大公认理念,本研究在此基础上提出了"内容的故事性、戏剧性与创造性"理念,丰富原有的转播理念体系。同时,设计了"明星球员的热点追踪""用实时数据、慢动作回放与集锦形式来叙述、解读比赛"两种手段,提高转播效果。我国 CBA 联赛的电视转播制作流程是每场比赛前各电视台按照统一的流程制作信号,统一将信号通过卫星传输到鸿瑞新枫(北京)体育发展有限公司,然后再以高清格式根据需要分配给各转播机构相应的场次。制作标准是配备 8—10 机位,完善对应的人员分工,配备导演组。最后,笔者通过"把关人"体系中 CBA 联赛各岗位的现状及原因做出分析得出,岗位缺失、拍摄人员篮球知识缺乏、缺少外来制作公司竞争及行政壁垒等原因成为影响 CBA 联赛电视转播质量提高的主要因素。

4.5 CBA 联赛电视转播的 符号学分析

上文从宏观层面详细探讨了影响 CBA 联赛电视转播质量提高的因素,介绍了 CBA 联赛电视公用信号的制作理念、流程与标准;在微观层面,摄像师、导演(总导演、慢动作导演、字幕导演等)、解说员作为信息传播的关键"把关人",其把关过程直接决定信息产品的质量,影响传播的效果。[1] 其中,电视转播的画面、声音、字幕符号是

---

[1] 陆晔,赵民.当代广播电视概论[M].上海:复旦大学出版社,2010,18.

其把关控制的重点内容,本章从 CBA 联赛电视转播的画面、声音和字幕符号的现状出发,与 NBA 精湛的电视转播进行对比分析,重点对电视转播的比赛画面内容、形式及解说员和评论员的解说方式进行比较,通过对比找出中美双方存在哪些差距与差异,以期从整体上全方位地改进和完善 CBA 联赛的电视转播,更好地为 CBA 联赛的电视转播服务。

4.5.1 CBA 联赛电视转播的画面分析

众所周知,一场职业篮球比赛电视转播的公用信号制作是由分布在各赛区的制作队伍完成的,他们按照共识的理念用摄像机和话筒将比赛的精彩画面、现场声收集和记录下来,经过导演对镜头独特的选择,流畅、合理和富有节奏的切换,配上字幕与慢动作,组装成电视信号产品,然后把产品分配给预先约定的持权转播商。[1] 其中,摄像师拍摄出来的比赛画面内容、经过导演切换出来呈现在观众面前的独特镜头是电视公用信号制作的核心组成部分。在这些方面,NBA 电视公用信号的制作水平是处在世界前列的,其先进的理念和强大的制作团队成就了高水准的电视公用信号,目前,CBA 电视信号的制作水平仍处于较低的级别,欲赶超必先模仿。本节主要讨论

---

[1] 郭艳民,王雪梅.论奥运会竞技体操电视公用信号"6+1"制作模式[J].媒介经营与管理,2013,07:95-99.

以下三个问题：第一，阐述电视画面的作用，分析 CBA 联赛电视转播中电视画面存在的主要问题；第二，在比赛画面内容方面，通过选取2014—2015 赛季 NBA 与 CBA 常规赛 12 场比赛和季后赛（包括总决赛）24 场比赛，对比赛中各要素在转播过程中景别的使用频数及时长做比较，找出两大联赛在比赛画面内容上的差距；第三，以篮球运动的跳球、半场阵地进攻、得分、快攻、违例、犯规、罚球、换人、压哨球为基本着眼点，分析 NBA 在转播过程中，各阶段机位高度、角度和景别选择的使用情况，试图总结其规律。

4.5.1.1 CBA 联赛电视转播画面制作的应用现状

一、电视画面的作用

电视画面是从电影画面借用来的，它是电视造型语言的基本因素，是组成电视节目的基本单位，是电视摄像成果的体现。[1] 电视画面还是电视片结构、连接的载体和主干，既是表现的内容也是表现的形式，虽然有的电视片的内部结构的主要线索可能是语言和文字，但都必须依附和构架在电视画面基础之上，在与画面的对位中完成连接、结构整体以表现主题的目的。

二、CBA 联赛电视画面制作中存在的问题

与电视节目的后期制作不同，体育比赛转播的电视画面制作需要遵循及时性、规范性、唯一性、完整性、合理性等原则。一场篮球比

---

[1] 张乐平.电视画面编辑教程[M].成都：西南交通大学出版社,2014,51.

赛的现场转播不会因为电视工作人员的一次失误而有其他的补救机会,制作出来的画面基本同步传送到电视观众眼前,可见,电视画面的好坏、质量的高低,直接影响着观众观赏的心情,影响着电视台在观众心里的权威性,电视画面的制作在比赛转播中显得尤为重要。

根据笔者的工作经历以及观看视频统计发现,目前 CBA 的电视画面在制作上存在以下四个主要问题:

（一）电视画面的虚化现象

篮球比赛的电视转播需要 8 个机位的相互配合,每个机位都要做好自己的本职工作,由于篮球比赛场地小,球员身材高大、速度快,攻守转换快,比赛的整体节奏较其他运动项目要快。摄像师一方面需要快速地捕捉到比赛中的有效信息,另一方面还要选择合适的景别拍摄有效信息,这不仅要求摄像师要懂球,从观众的心理出发拍摄他们想看的画面,更是考验摄像师在快速比赛中运用设备的能力,两项能力缺一不可。CBA 转播的摄像师们大部分还没有同时具备这两项能力,理解篮球运动项目可以在比赛中准确地找到需要拍摄的人物,为拍摄景别的选择节省时间,同时拍摄基本功扎实也可以缩短在篮球比赛中人物选择的思考时间,两者相辅相成,任一能力不足都有可能导致画面虚化。

（二）电视画面的信息缺失

体育比赛的及时性很强,一次精彩的快攻、一个漂亮的投篮在比赛中转瞬即逝,可能只有四五秒时间,摄像师如果没有拍摄下这些画面就无法呈现给电视面前的观众,当然导播若没有及时地切换画面,观众也无法看到,这需要导播、摄像师、切像员的相互配合。目前在 CBA 赛场转播中,信息缺失主要体现在以下 5 个方面:(1)对助攻球员的关注不够,过多地关注得分球员的进球,而忽略助攻球员的贡献;(2)上下场换人时信息不全,尤其对下场球员缺乏相应的解释;(3)在半场阵地进攻时,1 号机并没有把场上的 10 名运动员和 3 名裁判员包括在内,当遇到球从强侧快速大范围地转移到弱侧时,会出现 1 号机不稳定、晃动的现象,弱侧球员在投篮时电视画面上看不清楚是 2 分投篮还是 3 分投篮;(4)节间或比赛结束前的压哨球和 24 秒进球有时没有拍摄到计时器,无法很好地判断进球是否有效,只有依靠慢动作回放来弥补观众没有看清楚的画面;(5)在播放线上慢动作时,由于时机选择不当,操作速度慢等原因,会出现慢动作还没有播放完,现场的另外一次进攻基本结束,致使电视观众无法欣赏到比赛的精彩。

(三)CBA 联赛镜头画面的切换缺乏逻辑性和合理性

一场精彩的篮球赛事,电视机前的观众看到的是赏心悦目的画面还是头晕目眩、视觉错乱的画面,都由导播的镜头切换决定。为了使电视观众的高潮点与篮球比赛精彩场面相匹配,导播在镜头切换上要遵循四点要求。

(1)镜头切换要符合观众的思维逻辑

观看体育比赛是人们休闲、娱乐的一种视觉体验和心理体验的过程,导播在镜头切换时必须从观众的角度出发,我们习惯在相邻的事物间建立某种联系,如因果关系、对应关系,前后两个镜头不同的景别、角度、画面内容,都会引起观众思维的变化。一次防守犯规,观众首先想清楚地看见整个犯规过程,然后是犯规球员和被犯规球员的表情,时间容许的情况下可以找一找两队教练尤其是犯规方教练的情绪变化,只有这样,观众才能看得懂,才能顺着导演的思路看下去,观众才能看明白比赛。

(2)镜头切换符合观众的视觉逻辑

电视画面是观众从电视节目中得到信息的重要途径,随着人们观赏水平的不断提高,画面的连贯、流畅,已成为观众对画面的最基本的要求,在画面结构、色彩搭配、灯光效果、过渡形式等方面,都要考虑到观众的视觉要求,同时在引导其进行心理上的活动时,也要满足视觉上的享受,例如一个压哨进球,观众首先想看见整个进球的全过程;在外线投篮时,尤其要注意投篮球员的脚下动作,是 2 分球还是 3 分球;投篮运动员出手时,篮板的显示屏有没有亮,防守球员的防守有没有犯规等画面。在此基础上,观众需要了解投篮运动员的激动表情和防守运动员的无奈神情,摄像师还需要找到双方教练员和替补席对这个精彩进球的反应,这是符合事物的发展规律的,也是符合观众的视觉逻辑的。

(3)景别的过渡要自然合理

在篮球电视转播中,镜头要根据内容重点的不同和表现方法的不同,采用不同的景别和角度,在不同景别和角度间的过渡要自然、合理。循序渐进的变换不同视觉距离的镜头,可以形成顺畅的连接。例如一次阵地进攻,球员运球从后场推进到前场,这时 1 号机拍摄全景,当在进攻中出现犯规、违例等情况时,其他机位寻找犯规球员、被犯规球员、教练员、裁判员以及替补席的反应,各机位各尽其责,相互配合,导播在切换景别时,可以从 1 号机的全景向关键球员的近景过渡,时间容许的情况下,给予球员特写甚至大特写,这样的景别过渡用来表现由低沉的比赛画面到紧张的球员情绪和激烈的赛况发展,给观众较为强烈的视觉冲击。

(4)镜头切换符合篮球项目的规律,按照比赛进程有节奏地切换

篮球比赛是有节奏的,比赛节奏或快或慢,通常情况下,阵地进攻节奏较慢,快攻节奏较快,这跟比赛双方球队的技战术打法、教练员的技战术指导思想、运动员的个人特点以及比赛的具体进程有关。这就需要我们的转播人员对篮球项目、球队、球员、教练员仔细地研究和探讨,用大的景别把比赛交代清楚,用特写把握关键球员,再全方位、多角度地让观众看好比赛,使比赛的节奏与镜头切换的节奏基本一致,以不影响观众观看比赛为宜,在切换过程中,给观众整体平稳的感觉,就好像坐在现场观看体育比赛一样,丝毫没有感觉到摄像镜头的存在,这就符合了观众的视觉需求。

在镜头切换符合观众的思维与视觉逻辑上,CBA 联赛目前做得较好,基本能满足大部分电视观众与日俱增的观赏需求;在景别过渡方面,CBA 联赛的电视转播有很大的进步,景别过渡整体自然、和谐,但受到转播人员对篮球比赛理解不深刻等多方面因素的影响,在关键人物的特写把握方面,做得还不好,犯规、违例的特写镜头针对性不强,对明星球员的镜头不够多,虽然景别过渡合理了,但景别内容的选择存在很多问题,不合理的现象仍然存在。按照比赛节奏去

切换镜头是建立在对篮球项目深刻了解的基础之上,这一点是我们电视转播的软肋,必须了解篮球运动、了解球队、了解球员、分析比赛才能更好地做到镜头的切换按比赛过程进行,这需要转播人员长期、大量转播篮球比赛累积经验。

(四)慢动作的数量、完整性、解释性以及公平性的问题。

慢动作是体育比赛电视转播中不可或缺的一个环节,篮球比赛中每一个惊心动魄的画面都震撼着坐在电视机前本来漠不关心的观众,他们由观看到欣赏,由欣赏到跃跃欲试,很多人就是被精彩的电视体育节目吸引而后走到运动场,成为体育爱好者。慢动作在很大程度上起到了观众"第三只眼睛"的作用,观众可以通过慢动作的及时回放从不同角度、不同侧面、不同方位看到比赛中最精彩、最关键的瞬间,要做好一场篮球比赛慢动作及时回放和慢动作的集锦不是一件容易的事情,需要多个岗位的协调配合。

目前,我国 CBA 篮球联赛转播在慢动作方面存在以下三个问题:(1)慢动作数量不够。据笔者观看录像统计,一场 CBA 篮球赛慢动作次数仅有 40 次左右,而一场 NBA 篮球赛的慢动作次数要接近达到 50 次。如上文所述,慢动作在体育比赛中起到"第三只眼睛"的作用,慢动作的及时回放和赛间、赛后集锦在比赛中起到解释比赛的作用,极大地丰富了观众观看的视角,使细节更加全面。此外,操作人员利用镜头语言,给电视观众带去一个故事,这个故事围绕着一些人物、一些事件,每一段故事都有高潮和亮点,慢动作制作作为一种手段将这些亮点不断地重复和放大,而在制作过程的背后是操作人员的思想,务必要清晰地反映出来。慢动作数量的多少是将一场比赛亮点放大的前提,在这一点上,CBA 篮球联赛转播还做得不够好。(2)慢动作的完整性与解释性不到位。篮球比赛速度快、对抗激烈,一次暂停、一个精彩的镜头、一次看不清楚的犯规或违例都需要其他机位角度的回放,慢动作回放以更好地向电视观众交代比赛中出现的情况。当前在 CBA 电视转播中,慢动作的及时回放主要受到慢动作操作员对篮球运动项目的理解不深刻、与摄像师和导播的配合不协调以及对慢动作机器设备的操作不熟练等方面的影响,为了防止压球现象的出现,慢动作在比赛中的完整性有时不够。此外,慢动作的制作夹带着操作人员的编辑思想而存在,这就需要摄像师和操作员的默契配合,摄像师在前方拍摄比赛时要有为慢动作服务的意识,他们在前方拍摄下精彩的画面、有趣的故事,操作员在后方需理解摄像师所拍摄的每个画面的思想,将这些内容加以编辑,用一连串镜头去表现一个事物,去讲故事,使得观众更好地理解比赛、明白比赛、观赏比赛,这也充分发挥了慢动作在体育比赛中的作用,在这方面的配合意识我们的工作人员做得还远远不够。(3)慢动作回放的公平性与公正性。CBA 电视公用信号是由两支球队的主队地方电视台制作,在制作慢动作时,有些工作人员会把自己当成主队的球迷,这种现象在工作人员中普遍存在,带着这种思维惯性,他们会过多地把精彩镜头、慢动作集锦给予主队球员和教练,这时他们忘记了自己是一场比赛电视公用信号的制作人员,这种做法是很不好的。在奥运会的篮球比赛中,对慢动作回放要严格遵从对参赛双方球员、教练员、观众无偏见地平等地分配镜头时间,对所有运动员一视同仁、无偏私地报道,这些要求不仅代表着电视转播人员的基本素质,更是对他们的最基本要求。不公平和不公正的现象在 CBA 联赛电视转播中应该坚决杜绝。

4.5.1.2 CBA 与 NBA 联赛电视转播比赛画面内容要素的对比研究

一、电视转播画面景别的概念、分类与功能

景别是指画面范围和构图对象在画面中所占据的比例大小,由视距或镜头焦距变化而形成。按照拍摄范围以及人物在画面中所占的位置,一般将景别分为远景、全景、中景、近景和特写这五种。[1]

（一）远景景别的概念与功能

从较远的距离观察和拍摄时形成的景别,又称大全景。[2] 它视野广阔,通常用来交代事件发生的地点以及周围的环境,人物主体在画面中通常只占较小部分,画面细节不易辨清,看不出特定的主体对象。据有关专家对标准镜头所拍摄的固定画面进行的视觉实验得出,让观众能看清画面中主要景物所需的时间,一般为 5 秒以上。

（二）全景景别的概念与功能

表现人物主体对象的全部或事件场景的概貌的景别。用于

［1］ 陈思善.电视节目制作基础[M].上海：复旦大学出版社,2003,21.

［2］ 王晓红.电视画面编辑[M].北京：中国传媒大学出版社,2004,89.

表现被拍摄完整的形态以及所处的部分背景,通常并不包括周围的大环境。[1] 与远景相比,画面中有较明确的对象和内容中心,人物成像为全身镜头,能比较清晰地展现其交流和活动的空间,尤其是人物移动的过程,画面动态明显。景别时长在 7—8 秒。

（三）中景景别的概念与功能

中景包括画面主要被摄对象或主体的主要成分,人物成像在膝部以上。[2] 中景用于表现事件中的主要事物,表现主体的形状特征,有利于兼顾动作和情节的发展以及人物之间的交流,并能揭示人物之间、人物与场景或所处位置之间的关系,是电视节目制作中的常用景别。景别时长一般在 4—5 秒。

（四）近景景别的概念与功能

近景中人物成像占画面的大部分,一般是人物腰部以上。用于突出人物情绪神态的特征和幅度不太大的动作,在电视中是描写人物情感和事物细节的主要景别。景别时长在 2.3—3 秒。

（五）特写的概念与功能

特写指主要对象或主体的某一局部充满画面,或人物成像在胸部以上的景别。[3] 有利于刻画人物的心理活动和强烈情绪,揭示人物的内心世界和事物的本质。按照拍摄部位划分的特写还可以分为：中特写

---

[1] 焦道利.电视摄像与画面编辑[M].北京：国防工业出版社,2010,87.

[2] 王晓红.电视画面编辑[M].北京：中国传媒大学出版社,2004,25.

[3] 任金州.电视摄像[M].北京：中国广播电视出版社,2007,26.

（胸部以上,即近景）、特写(头部以上,表现人物脸部表情的细微变化以生动地描述人的内心世界)和大特写(只突出某一局部,如人的眼睛、鼻子或嘴角,能带来强烈的情绪感染力),景别时长在1—1.5秒。

二、CBA 与 NBA 联赛电视转播内容要素的对比研究

本书在研究时,将 CBA 职业篮球比赛分成七个要素,包括现场观众、明星观众、球员家属、明星球员、场上非明星球员、替补席和主教练。据查阅相关资料并结合专家访谈,将明星观众和明星球员做出以下界定: 所谓"明星观众"是指在某个领域内有一定影响力的、在现场观看 CBA 比赛的人物,他们属于现场观众中的特殊群体,如演员、政治家、歌手等;"明星球员"是指根据篮球比赛球员的上场时间和电视转播的需求,上场时间在 15 分钟以上的主要球员。将七要素在电视转播过程中景别的使用频数及时长与世界转播最广的 NBA 联赛做比较,找出 CBA 与 NBA 联赛电视转播内容的差异,能更好地为 CBA 联赛的电视转播服务。

（一）CBA 与 NBA 联赛拍摄现场观众的景别使用情况

表 20　CBA 与 NBA 联赛拍摄现场观众的景别使用频数和时长表

要　素	近景		特写		中景		全景		远景	
	频数（次）	时长（秒）	频数（次）	时长（秒）	频数（次）	时长（秒）	频数（次）	时长（秒）	频数（次）	时长（秒）
CBA 现场观众									4	8
CBA 明星观众	3	17								
CBA 球员家属	5	10								
NBA 现场观众			3	9					12	135
NBA 明星观众	7	95								
NBA 球员家属										

从录像统计来看,对现场观众的拍摄主要用 1、2 号机以远景的形式呈现给电视观众。据统计,CBA 平均每场给现场普通观众的镜头不到 1 次,时长在 2 秒左右,而 NBA 平均每场 1.5 次,时长在 11 秒左右。除了远景景别以外,由于 NBA 的现场有与球迷互动的活动环节,比如出现在大屏幕的一对情侣就需要在屏幕前亲吻对方,所以在拍摄时还会有球迷的特写景别,NBA 对普通球迷的拍摄景别并不局限于远景,景别多样丰富,现场与球迷的互动环节较多。在对明星观众的拍摄方面,CBA 明星观众在 8 场比赛中出现 3 次,共 17 秒,NBA 是 7 次,一共 95 秒,CBA 联赛的影响力和受关注程度与 NBA 相比还存在较大的差距,一方面,很少有政界人物、影视明星去现场观看 CBA 比赛,另一方面,在电视转播时,工作人员还缺乏关注明星观众的意识,而 NBA 则很注重对明星观众的拍摄,像洛杉矶湖人队的骨灰级明星球迷尼尔克森经常在电视转播中出现,这些明星球迷对比赛的态度和感情也是电视观众乐意看见的一部分内容,这一点,NBA 做得很好。在球员家属的拍摄方面,CBA 有些球员会在比赛时带着家人去现场观看比赛,如孙悦的妻子、朱芳雨的孩子等,在电视转播时,家属的表情与球员在场上的表现息息相关,他们的表情可以反映比赛的紧张激烈程度,而在 NBA 转播中这种现象比较少见,从这方面看,CBA 联赛对球员家属是有关注的。

(二)CBA 与 NBA 联赛拍摄明星球员和场上非明星球员的景别使用情况

所谓明星球员是指在篮球比赛中有极强的控制能力的运动员。

本文中所指,包括在 CBA 与 NBA 联赛平均上场时间在 25 分钟以上,得分在 20 分以上的运动员。正如前文所述,职业篮球电视转播的理念强调对明星球员的热点追踪,那么 CBA 与 NBA 联赛是如何拍摄明星球员的呢? 两大联赛对明星球员的拍摄景别又有什么差异呢? 如下表所示。

表 21 CBA 与 NBA 联赛拍摄明星球员和场上
非明星球员的景别使用频数和时长表

要 素	近景		特写		中景		全景	
	频数 (次)	时长 (秒)	频数 (次)	时长 (秒)	频数 (次)	时长 (秒)	频数 (次)	时长 (秒)
CBA 明星球员	774	1 962	126	324	576	1 620	144	495
NBA 明星球员	1 323	2 966	486	1 614	263	1 741	63	454
CBA 场上非明星球员	576	1 746	72	171	270	675	63	90
NBA 场上非明星球员	1 305	3 520	198	476	117	515	117	982

从表 21 可以看出,CBA 联赛平均每场拍摄明星球员的近景是 43 次,平均每次时长 2.5 秒,景别、时长较为合适,而 NBA 对明星球员的近景拍摄平均每场 73.5 次,每次 2.4 秒;在特写方面,CBA 平均每场 7 次,每次 2.6 秒,NBA 平均每场高达 27 次,每次 3.3 秒;在中景景别方面,CBA 平均每场 32 次,每次 2.8 秒,景别时长较短于标准的 4—5 秒要求,NBA 平均每场 14.6 次,每次 6.6 秒左右;在人物全景方面,CBA 平均每场 8 次,每次 3.4 秒,NBA 平均每场 3.5 次,每次 7.2 秒,可见,NBA 对明星球员拍摄的近景和特写次数较多,对各景别时长的控制更加精确,符合观众看清画面中主要景物所需要的时间要求,在这些细节上,CBA 联赛的电视转播做得还不够细致。

在拍摄球场上非明星球员方面,近景景别 CBA 平均每场 32 次,每次 3 秒,NBA 平均每场 72.5 次,每次 2.7 秒;在非明星球员的特写方面,CBA 平均每场 4 次,每次 2.4 秒,NBA 平均每场 11 次,每次 2.4 秒;在中景方面,CBA 平均每场 15 次,每次 2.5 秒,NBA 平均每场 6.5 次,每次 4.4 秒;在人物全景的拍摄方面,CBA 平均每场 3.5 次,每次 1.4 秒,NBA 每场平均 6.5 次,每次 8.4 秒。

运动员是篮球场上的主体,从上面数据,我们可以清楚地看出,无论是对场上明星球员还是非明星球员的拍摄,NBA 球员的近景和特写景别使用次数与 CBA 相比,近景拍摄平均每场多 71 次,特写多 27 次。CBA 更多地使用中景和人物全景的景别拍摄,但在电视转播中,近景和特写的多次使用是电视转播镜头丰富的一个重要标志,同时,这种近景和特写的拍摄也符合职业篮球联赛的电视转播理念,对明星球员的关注,对球员的情绪和表情的强调,也培养了一大批球迷去关注球队的明星球员。NBA 电视转播的制作人员更加懂得如何去拍摄一场职业篮球联赛,如何去培养球迷关注 NBA 比赛,而我们还需要在很多细节上不断改进。

(三) CBA 与 NBA 联赛拍摄替补席的景别使用情况

替补席是球员休息、教练员安排战术的地方,很多时候,主力球员在替补席的表情,整个替补席对场上进球、盖帽、抢断扣篮的反应也是拍摄人员需要重点关注的。在替补席发生的很多故事,也是电视观众好奇的一部分内容,下表是 CBA 与 NBA 联赛对替补席球员拍摄情况的汇总。

表22　CBA 与 NBA 联赛拍摄替补席的景别使用频数和时长表

要　素	近景		特写		中景		全景	
	频数(次)	时长(秒)	频数(次)	时长(秒)	频数(次)	时长(秒)	频数(次)	时长(秒)
CBA 替补席	192	620						
NBA 替补席	495	2 523	198	1 004	18	55.8	8	17

从表22可以看出，对替补席的拍摄，CBA 联赛主要采取近景的景别，平均每场11次，每次3秒左右，而 NBA 的镜头景别使用较丰富，近景、特写、中景和全景都占有一定的比例，其中近景平均每场27.5次，时长5秒，特写平均每场11次，时长5秒，中景平均每场1次，时长3秒，全景每场平均不到1次，每次2秒。在这里需要强调的是，同样是拍摄替补席，CBA 与 NBA 联赛的拍摄内容是有区别的，笔者在观看录像统计时发现，CBA 联赛主要拍摄运动员下场以后的表情，虽然对球队明星球员以及对球队进球后的反应有一定的关注，但所占比例很小；NBA 联赛则非常关注下场明星球员的表情和情绪，在火箭与马刺队的一场常规赛中，火箭队的中锋球员霍华德进球、盖帽、造犯规、抢篮板时，拍摄人员都会聚焦坐在替补席的马刺球星邓肯，让电视观众了解邓肯面对霍华德在场上的强势表现，他坐在替补席上的表情和情绪是什么样子的，这种场上场下拍摄明星球员的手法，可以使观众更好地看懂比赛，画面切换富有逻辑性，拍摄的内容也是电视观众希望看见的。这种拍摄手法在 NBA 联赛中运用很多，在 CBA 电视转播中则较少看见。

（四）CBA 与 NBA 联赛拍摄主教练的景别使用情况

篮球教练员是指在篮球运动训练中培养和训练运动员的人。在比赛中，教练员的一个手势、一个眼神甚至一声口哨，都能让运动员明白教练员的战术意图；而运动员按照教练员的要求进行攻守，教练员成了比赛的一部分，对比赛过程起到重要的作用，他们的临场指挥也是电视观众想要了解的内容。那么 CBA 与 NBA 联赛对教练员的拍摄景别使用情况是什么样子的呢？如下表 22 所示。

表 23　CBA 与 NBA 联赛拍摄主教练的景别使用频数和时长表

要　素	近景		特写		中景		全景	
	频数 （次）	时长 （秒）	频数 （次）	时长 （秒）	频数 （次）	时长 （秒）	频数 （次）	时长 （秒）
CBA 主教练	522	1 640	6	18	318	912	12	30
NBA 主教练	459	3 765	117	451			9	62

从表 23 可以看出，CBA 在拍摄教练员时近景、特写、中景及全景景别都占有一定比例，景别丰富，NBA 比较注重教练员的近景和特写景别的使用。其中近景 CBA 平均每场 29 次，每次 3.1 秒，而 NBA 平均每场 25.5 次，每次 8.2 秒左右；在特写景别方面，NBA 的次数要远多于 CBA，NBA 平均每场 6.5 次，每次 3.9 秒，CBA 平均每场 0.3 次，每次 3 秒；中景景别 CBA 联赛使用很多，平均每场 17.7 次，每次 2.9 秒，而 NBA 在拍摄教练员时几乎不使用中景景别；在全景景别方面，CBA 与 NBA 联赛的使用次数差不多，分别是平均每场 0.7 次和 0.5 次。

综上所述,对职业篮球比赛的 7 个要素的拍摄,无论从景别使用的频数还是时长来看,CBA 与 NBA 联赛相比较还存在很大的差距,NBA 联赛更喜欢使用近景和特写这两种景别,其他景别也占有一定的比例,且各景别时长均严格控制在相应的科学时间内;而 CBA 联赛部分景别的使用频数较少,有时会出现景别时长过长或过短的现象。景别的使用情况反映出 CBA 与 NBA 在"把关"和"议题设置"理解上的差距,其中在对明星球员的拍摄方面,NBA 对明星球员大量使用近景和特写的景别,这是镜头语言丰富的一个标志,能呈现电视荧幕前的观众想要看见的画面,直接映射出 NBA 电视转播公用信号制作的理念,而在这些细节方面,CBA 联赛的电视转播做得还不够好。

4.5.1.3 议程设置理论视角下对 NBA 电视转播各阶段机位使用情况的分析

拍摄景别的变化、角度的变换、镜头的变动、画面的连续无不体现出一种运动的魅力,篮球运动员身材高大、速度快,比赛中攻守转换次数频繁,一次进攻可能仅需 4—5 秒即可完成,这就要求制作人员在转播比赛过程中全身心投入。同时,正是篮球比赛的速度性、高度性和对抗性,使得拍摄这种运动时,电视图像会变化多端,具有完整记录比赛的功能。下面从议程设置理论的视角出发,以篮球运动项目的跳球、进攻、得分、快攻、违例、犯规、暂停、罚球、换人、压哨球等特点为例,通过对 NBA 近 400 场比赛的录像观看,分析其各阶段机位高度、角度和景别选择的使用情况,并试图总结其规律。

一、跳球阶段机位高度、角度、景别、运动镜头的使用情况分析

图 14 是 2014—2015 赛季 NBA 总决赛第一场勇士与骑士的跳球图,1 号机用俯视的角度对场上 10 名运动员和 3 名裁判以大全景景别的形式呈现给荧屏前的观众,俯视角度拍摄出来的画面,有利于表现地面景物的层次,如实交代事物环境的位置,球员、教练员、裁判员开始准备比赛,场下观众站立准备观看比赛。该角度的拍摄对人物、事件交代得清清楚楚,用全景的形式更是对场上球员和即将到来的比赛予以宏观表现,给观众一个整体的形象。

图 14　NBA 跳球阶段机位使用情况图

笔者通过多次观看 NBA 比赛录像和多次参与 CBA 电视转播的实践,总结出其他机位在跳球阶段的拍摄任务。2 号机位于 1 号机的旁边,以中景形式拍摄第一副裁判(靠近记录台正面面对 2 号机的裁判),中景景别是叙述性很强的景别,可以清晰地拍摄出裁判员的手势和情绪;3 号机是地面机位,离中圈跳球的两名球员较近,在跳球

阶段,重点关注两名跳球队员和比赛用球,以人物全景的形式拍摄出来完整表现出跳球阶段的事物和场景的画面;4、5号机既可以小全景景别拍摄中圈的两名跳球队员,也可关注双方重点球员的情绪和状态;6、7号机分别位于左右侧面的半高看台,在跳球阶段正对大部分场上球员和全部场下球员及教练员,它们的任务就是以近景或人物全景的形式关注双方球队的明星球员;同样,8号机的任务与6、7号机相同,在跳球阶段主要运用1、2、3号机位。

通过分析可以发现,在跳球阶段,首要议题是完整地记录整个跳球过程,对场上10名球员和3名裁判员进行360度无死角的"监控",第二议题是对两名跳球球员及比赛用球的重点拍摄,第三议题是抓住场上或场下球员的表情和参赛状态,第四议题是现场观众观看比赛的热情,此阶段,重点是记录跳球的全过程,随后通过1号机摇和推的拍摄运动方式,正式进入比赛的攻守阶段。

二、进攻阶段机位高度、角度、景别、运动镜头的使用情况分析

(一)半场阵地进攻阶段机位高度、角度、景别、运动镜头的使用情况分析

跳球以后,比赛正式开始,通过拍摄镜头的摇和推来拍摄画面,在半场阵地进攻阶段,1号机以半场大全景景别拍摄,包含近端边线与底线夹角、24秒时钟以及3名裁判员,可以说包括了场上所有信息;2号机的主要功能是动作近景和分解动作的拍摄,其功能决定拍摄内容,2号机跟着持球队员和防守他的队员,切记不可跟球拍摄,

图 15 NBA 半场阵地进攻阶段机位使用情况图

给出人物全景;3 号机同样跟拍持球球员和防守他的球员,由于是平面角度拍摄,拍摄出来的画面给人一种身临其境的感觉,中景即可;近端篮下机位要关注篮下全体球员,特别要注意球员的脚下动作,仰拍或平行拍摄均可,给观众以强烈的视觉冲击,小全景景别即可;在远端的篮下机位主要拍摄 24 秒计时钟、篮板提示灯及篮板后的观众表情;近端的 45 度机位于左右侧角的半高看台,距离地面高度在 3.05—3.4 米之间,当在强侧时要跟住持球球员和防守球员,人物给出全景或近景,同时要兼顾弱侧双方无球队员的争抢与对抗;远端的 45 度机与近端的 45 度机作用基本差不多;8 号机在这里作用不是很大,主要拍摄持球球员、防守球员、裁判员和观众。在半场阵地进攻阶段,主要拍摄的机位是 1、2、3 号机和近端篮下的两个机位。

在半场阵地进攻阶段,比赛节奏相对较慢,球队通过战术撕开对手防线的情况较多,因此首要议题是完整拍摄整个过程和持球球员及防守球员的表现。第二议题是场上其他球员的跑动、抢位情况。第三议题是对裁判员和观众的关注。

(二)得分阶段机位高度、角度、景别、运动镜头的使用情况分析

图 16 是第一节比赛时间还有 40.8 秒,勇士队球员投中 3 分球的拍摄画面,1 号机拍摄半场大全景,清晰地记录了整个进球的过程及其他球员的表情,2、3 号机以中景或近景的形式迅速找到得分球员、助攻球员或教练员的情绪,在时间容许的情况下,导演会首先切换到得分球员,然后是助攻球员、明星球员或教练员的表情。图 17 表明,从 40.8 秒到 38.5 秒,在短短 2.3 秒内导演从俯视角度有节奏地切换到平面角度,用近景景别表现得分球员的表情和与队友击掌的动作,

图 16 NBA 得分阶段机位使用情况图

图 17 得分阶段球员近景图

近景和平面角度带动了观众与屏幕球员之间的交流,烘托出比赛紧张激烈的气氛,缩短了观众与球员之间的心理距离,这种特定情景的使用是吸引电视观众的有效手段;近端篮下机位找得分球员,远端的篮下机位要兼顾场上全体球员,避免场上意外事情的发生;两个 45 度机位关注得分球员或助攻球员;8 号机以中景或近景形式挖掘球队核心球员的情绪反应。这个阶段主要运用的机位是 1、2、3、6、7 号机位。

在得分阶段,球员投篮得分,当然第一议题是得分球员的情绪,第二议题是助攻球员的反应,笔者在观看录像过程中发现,除了关注助攻球员外,导演在很多时候会把镜头切换给得分队明星球员的表情或替补席的气氛,第三议题是双方教练员和防守球员的状态,第四议题是双方现场球迷对进球后的兴奋与沮丧表情。在得分后,得分队由攻转守,此时,镜头通过有节奏的摇和拉的运动方式继续转播比赛。

（三）快攻阶段机位高度、角度、景别、运动镜头的使用情况分析

图 18 是白队球员抢断后发起快攻的机位图,白队由守转攻后,1 号机通过拉和摇的运动拍摄方式,随着快攻速度拍摄画面,1 号机尽量拍摄场上全体球员和 3 名裁判员,在横向移动过程中要包括上下两条边线;2 号机跟住快攻球员,切记不可跟球拍摄,给出人物全景,3 号机要充分发挥地面机位的优势,以平面角度平行拍摄球员可以显示球员的速度和高度,真实地反映球员的身高、速度和比赛状态,显示出比赛的对抗性和激烈程度,以中景形式拍摄快攻球员即可;快攻的近端篮下机位首先要关注快攻球员的上篮,因为在快攻结束阶段,大多以上篮来结束一次进攻,特别要注意快攻球员及防守球员的脚下动作;在远端的篮下机位兼顾场上全体球员,避免场上意外情况的发生,24 秒计时钟和篮板提示灯也需关注;两个 45 度机位关注得分球员、助攻球员及快攻的整个配合过程;8 号机以中景或近景

图 18　NBA 快攻阶段机位使用情况图

形式挖掘球队核心球员的情绪反应等。图 19 是快攻球员得分后的近景画面,反映出球员得分后兴奋和激动的表情,随后在时间许可的情况下,导演把画面切换到得分方球迷高兴、刺激、不可思议的表情,如图 20 所示。在短短 5—6 秒时间内,导演交代了快攻的整个过程、得分球员的表情和得分方球迷的情绪,事件、人物、气氛这些议题通过一个个连续的画面有顺序地呈现给了电视观众,在这个阶段主要运用的机位是 1、2、3、4、5 号机位。

图 19 NBA 快攻球员得分近景图

图 20 得分方球迷表情图

三、违例阶段机位高度、角度、景别、运动镜头的使用情况分析

篮球比赛中违例包括持球移动违例(走步)、球回后场违例、干扰球违例、3秒违例、5秒违例、8秒违例、24秒违例和脚踢球违例等。每一次违例的判罚裁判员都会吹哨提示,比赛随即停止,裁判员会做出相应的手势(包括违例的类别和判罚),为了给观众呈现一场完整的、看得懂的比赛,电视信号制作人员需要将违例画面交代得清清楚楚。

图21是在半场阵地进攻中,距第二节比赛还有2分53秒,黑色球衣21号球员脚踢球违例,随即,裁判员做出脚踢球违例手势,如图22所示。图21、22是在违例阶段,用1号机从俯视角度以小全景景别的形式拍摄场上全体球员和三名裁判,清晰地记录下违例的全部过程和裁判员的判罚手势;2号机和45度机位需要迅速找到违例球员的表情,中景或近景即可;4、5号机继续关注场上其他球员对此判罚的反应,尤其是明星球员的情绪;同时3号机正对双方教练和替补席,捕捉他们是3号机的任务;8号机又叫反打机位,在记录台后面,距离场中心点约7.65—9.5米,离地面高度30米左右,在此阶段,8号机的拍摄起到重要作用,由于其正对判罚的前导裁判,可以在正面清楚地拍摄裁判员的手势,使观众更好地了解判罚结果。这个阶段主要拍摄违例的过程和判罚结果,主力机位是1、2、6、7、8号机位。

在违例阶段,第一议题当然是违例的整个过程和违例球员的表情,第二议题是裁判员的判罚手势,第三议题是明星球员、替补席或教练员对此判罚的看法,第四议题是现场球迷的气氛。

图21 NBA 违例阶段机位使用情况图

图22 NBA 违例阶段裁判手势图

四、犯规、罚球阶段机位高度、角度、景别、运动镜头的使用情况分析

篮球比赛中，犯规的种类有很多，有打手犯规、推人犯规、阻挡犯规、进攻犯规、技术犯规、违反体育道德犯规等，对犯规进行判罚时，裁判员首先吹哨中止比赛，吹哨的同时做出犯规种类的手势，告知谁犯规了，属于什么类型的犯规，然后，跑向记录台给出球员号码、犯规类型和判罚结果的一系列连续的手势，最后裁判员跑回相应的位置继续执裁。之所以把犯规和罚球阶段放一起书写，是因为在篮球比赛中，在很多情况下，犯规之后带来的是一次或两次罚球，在这里不仅有拍摄景别、拍摄角度等的选择问题，还有拍摄镜头运动方式的转换问题，合理流畅的切换、议题有顺序的选择会给拍摄画面带来不同的意义。

从图23到图29是犯规—罚球—攻守转换的整个拍摄过程，犯规阶段各机位的分工与违例的处理手法相似。图23和24是用1号机小全景景别完整地记录犯规的整个过程和裁判员的判罚手势，图23可以清楚地看见穿红色球衣的球员对进攻球员有推人动作，图24右下角的裁判员举起左手判罚此种行为属于阻挡犯规，然后，裁判员会跑向记录台宣判犯规球员号码、犯规种类和判罚结果，这时8号机位正对裁判员，要及时拍摄裁判员的判罚手势，2、3、6、7号机以近景形式拍摄犯规球员、被犯规球员及明星球员、双方教练员和替补席对此次判罚的情绪，尤其要重点关注情绪反应较大的球员。图25导演将画面切换到被犯规球员打进关键进球的近景画面，这是地面机位平行

图 23　NBA 犯规阶段机位使用情况图

图 24　NBA 犯规阶段裁判手势图

图 25　被犯规球员近景图

图 26　犯规球员近景图

图 27　被犯规球员罚球近景图

图 28   罚球阶段全景图

图 29   犯规队由守转攻全景图

拍摄出来的,23 号球员捶胸顿足的庆祝表情,真实地记录了进球的关键性和球员的兴奋性。随即,导演将镜头切换到犯规球员的近景画面,如图 26 所示,从上向下地俯角度拍摄,使画面形象缩小,表现出犯规球员的沮丧和无奈,随后,23 号执行罚球,一张近景景别的画面拍摄由篮下机位完成。值得注意的是,最后一次罚球后继续比赛画面提醒导演需及时、有节奏、有预判地拍摄出来,如图 28 所示,导演将画面切换到 1 号机,为下面的比赛拍摄做准备,1 号机几乎包含场上全体球员和三名裁判员。随后,红队获得球,1 号机随着比赛速度,通过拉和摇的镜头方式继续拍摄,从犯规的 42 秒到攻守转换的 38.7 秒,在短短的 3.3 秒时间内,导演选择多个景别、多种机位去解释犯规的整个过程,对犯规行为、犯规球员和被犯规球员均有所交代,可谓信息量丰富。此外,在电视转播过程中,导演还加入了对整个犯规的慢动作回放。可见,NBA在处理犯规情况时,首先交代清楚犯规行为、裁判员手势和被犯规球员情绪,这一议题是犯规阶段最重要的,其次,第二议题是被犯规球员和场上球员的反应,最后,在时间容许的情况下,关注教练员、替补席甚至观众的表情,在这个阶段的主力机位是 1、2、6、7、8 号机。

五、换人阶段机位高度、角度、景别、运动镜头的使用情况分析

在比赛过程中,场上出现换人时,首先关注上场球员,3 号机的使用频率较多,因为 3 号机通常架设在距中场线 7.65—9.5 米外,可以较容易地拍摄到上场球员的画面,中景或人物全景即可,如图 30所示;8 号机作为反打机位以中景景别正面拍摄下场球员,2 号机拍摄下场球员的背面,如图 31 所示;此外,6、7 号机位按照就近原则关

图 30　上场球员机位图

图 31　下场球员机位图

注上下场球员的表情,4、5 号机位关注双方的教练员和替补席,很明显,在换人阶段,上场球员是本阶段的第一议题,因为他的上场与随后在场上的个人表现、球队的战术变化及球队的成绩息息相关,第二议题是球员被换下场的反应,这一阶段的主力机位是 2、3、8 号机。

六、压哨球阶段机位高度、角度、景别、运动镜头的使用情况分析

压哨球通常出现在一次进攻 24 秒结束前、单节比赛结束前和全场比赛结束前。在篮球比赛中,压哨球来得非常突然,这给制作人员的拍摄提出了更高的挑战,一场成功的压哨球得分可以改变场上的比分、可以鼓舞全队的气势甚至可以改变比赛的结果,可以说压哨球是关键球,其全过程是必须给电视观众呈现的,观众对压哨球的关注甚至有时超过整个比赛过程,图 32、33 和 34 是 NBA 2014—2015 赛

图 32　压哨球阶段机位图

图 33 得分球员近景图

图 34 得分队近景图

季西部决赛第七场比赛第三节比赛结束前的压哨球,NBA 电视信号制作人员是如何处理压哨球拍摄的呢?

首先 1 号机以半场大全景景别拍摄近端边线与底线夹角、24 秒计时钟及三名裁判,尤其要注意拍摄出来的画面务必包括计时钟,如图 32 所示;2 号机位的作用很重要,重点关注投篮球员,要求景别是人物全景的形式,特别注意投篮球员的脚下,判断投中的是三分球还是两分球;近端篮下机位包括篮下全体球员;远端篮下机位和远端 45 度机位拍摄 24 秒计时钟、篮板提示灯及篮板后的观众表情;近端 45 度机位要跟住投篮球员,注意投篮球员的脚下(三分线、边线);8号机主要负责24秒计时钟及篮板提示灯,进球后导演要有意识地寻找得分球员和得分球队的情绪,投中压哨球,球员、球队和球迷一定是兴奋的、刺激的,如图33、34所示,导演迅速将画面切换到地面机位,白队3号球员的表情、与队友的庆祝及看台球迷的兴奋均呈现在电视观众面前。在压哨球阶段的第一议题是记录整个压哨进球的全过程、得分球员和球队的情绪、24秒计时器和篮板提示灯,尤其要关注24秒计时器和篮板提示灯,压哨球是场上球员与时间的赛跑,同时也是信号制作人员与时间的较量,第二议题是对方球队的反应和双方教练员的情绪,第三议题是全场兴奋欢快的气氛,导演需要有顺序地、合理地、富有逻辑地将画面切换出来,在此阶段的主要机位是1、6、7、8号机位。

4.5.2　CBA联赛电视转播的解说评论分析

电视是视听符号传播的媒介,在电视转播过程中,如果仅仅通过电视画面传情达意,会有很大的局限,特别是反映复杂的生活、表现复杂的心理方面,无论怎样清晰的图像、生动的画面,也难以表达传播者的意图和完整的电视信息内容。格林·阿尔金说过:"任何电视节目的大多数内容是由声音来表现的,当你听不到伴随图像的音响时,大多数图像就会失去现实性和感染力。"[1]这足以说明,有声语

---

[1]　王群,徐力.电视体育解说[M].北京:中国传媒大学出版社,2007,74.

言在电视传播中的重要地位。

在篮球电视转播中,解说员和评论员是电视节目声音信息的主要传递者,作为声音信息传播的重要"把关人",他们控制声音信息的传播内容和价值取向,通过声音传播补充画面的不足,向观众表达其思想情感。随着篮球运动在世界范围内的普及,中国在篮球运动的解说和评论方面,涌现出一代又一代优秀的篮球解说评论员,他们精彩的讲解带动了观众对其解说的比赛的喜爱,同时带动了所在频道的发展。目前,CCTV–5 解说员和评论员的水平,明显高于其他省市地方电视体育频道,逐渐形成的风格受到广大观众的喜爱,但与 NBA 解说员和评论员还存在差异。本节从电视传播解说内容表述方面入手,以传播学、体育解说课程的专业知识为理论支撑,对 2014—2015 赛季 CBA 和 NBA 总决赛的解说员、评论员进行具体的分析和总结,找出双方存在的差异,以期促进我国篮球电视解说的发展。

解说声音,是电视播音员播报文字的声音,其文本表现为解说词。[1] 解说员或评论员在把握了合适解说时间后,对电视画面中出现的人物、事件进行及时讲解和解释,以表达电视画面语言难以表达或不便表达的思想感情。体育比赛的电视解说内容分成现场分析评论、现场同步说明、背景介绍、现场采访和空白五个部分。据王慧生等人研究结果表明,现场分析评论、现场同步说明、背景介绍和空白

---

[1] 徐舫州.电视解说：安排与处理[M].北京：北京师范大学出版社,2009,124.

这四个部分解说内容的最佳比例是 4：2：2：2。[1] 本研究从以上五个方面,对中美双方在解说各自联赛的内容方面进行比较分析,找出两者之间的差异。

4.5.2.1 现场分析评论

现场分析评论是解说员或评论员根据场上形势,用专业的体育知识,向观众表达自己对比赛的见解和看法。[2] 评论是解说的灵魂,在现场同步说明后,跟上详细的分析和评论,可以帮助电视观众理解比赛,指导观众的价值取向,没有评论的电视转播,会让观众找不到方向,再完美的比赛画面也会显得苍白无力。

在篮球电视解说中,通常是先对比赛进行现场说明,再分析和评论比赛的具体情况。夹叙夹议,评论为解说升华,解说为评论提供铺垫,两者相辅相成、密不可分。CBA 和 NBA 的解说员和评论员在转播比赛时,逐渐形成自己的风格,使观众更透彻地理解比赛。下面以2014—2015 赛季 CBA 和 NBA 总决赛的某场比赛一节为例进行分析。

CCTV－5 在转播 CBA 总决赛辽宁队与北京队比赛中解说员刘星宇和苏群现场分析评论的解说词:

苏群:2-3-2 的比赛确实对主队的压力比较大,前两场比赛首先要保证尽可能全胜。看,双方在攻的时候,内线是重中之重,北京

[1] 沈三山.解说立场的语言体现[M].北京:科学出版社,2010,41.

[2] 欧世伟.篮球竞赛电视解说研究探讨[J].新闻战线,2015,03:123-124.

队认为它的内线应该占优势。

刘星宇：看来刚刚开局的时候，双方打得稍微有一点紧，能从刚才翟小川在追球之后救回来，辽宁队得球这一过程看得出来稍稍有点紧，身体还没有完全活动开。

刘星宇：辽宁队外线要想打得开，内线仍然是非常重要的，韩德君和李晓旭在这场比赛中不要犯规，不要有其他的任何意外，要有足够稳定的发挥，这是辽宁队的一个基石。

苏群：但从争抢篮板的意愿来看，北京队在赛前应该做了非常重要的强调和动员。

刘星宇：开场一分半了，北京队的三次进攻都没能打进。

刘星宇：双方对篮板的争夺都是非常凶，都是寸土不让啊。

苏群：刚才这个球，前导裁判和追踪裁判都认为是北京队的球，所以这球没有什么争议。

苏群：韩德君今天的防守任务非常重要，他先要防自己内线的人，当外线有马布里发动的突破启动的时候，他其实已经开始向马布里可能前进的路线移动，在辽宁人才普遍不多的内线，韩德君的任务就非常重。

刘星宇：开局韩德君做得还是不错的。

苏群：今天马布里突破，吉喆突破，翟小川突破，今天北京队的一个策略就是除了孙悦在外面进行远投之外，其他人有机会会先以突破来带动进攻，但是效果还不是特别明显。

刘星宇：从这场球的开局来看，辽宁队的内线防守做得不错，在这一点上,辽宁队如果做得足够好、足够稳定,这对北京队会是一个很大的挑战。

刘星宇:北京队需要加强对篮板球的控制,如果让辽宁队这样去争抢篮板的话,北京队的反击就打不出来了。

苏群:郭艾伦两次大胆地突破内线上篮,这是他的几项绝技当中的一项,非常重要的一项啊。

苏群:今天韩德君在内线已经非常成功地三次协防,在这一点上,辽宁队做得确实非常好,一看就知道辽宁队的准备工作做得非常充分。

苏群:韩德君的提前移动非常重要。

刘星宇:从吨位上,从对抗性上,韩德君还是更强一些。

苏群:一个第一节,一个第四节,在双外援还没有上来的时候,北京队会选择马布里作为主打,这个时候呢,马布里不打,第四节的时候是另外一回事,是由莫里斯来主打,如果莫里斯犯规多或者打得不好,第四节会由马布里来打,马布里在场上的时候,内线是辽宁队略占优,但北京队不会计较这一城一池,二、三节马布里和莫里斯双人组合,是过去夺冠的一个王牌,双外援阶段。

刘星宇:马布里和莫里斯双外援挡拆,是各队球员最难防的,但是现在在第四节用不出来,这也是北京队在面对辽宁队这一支第四节最疯狂的球队时最担心的一点,这是辽宁队一个很大的优势。

刘星宇:今天不要看韩德君在进攻上没有非常抢眼的表现,但是他在防守端的贡献非常多。

苏群：北京队的特点没有打出来，北京队进攻受阻，你看孙悦改突破了，孙悦今天有一个宗旨是多突破，少在外面投篮，投篮毕竟不是他的特长。

苏群：辽宁队的第一招就是突破，他们的收获也非常大。

刘星宇：辽宁队这场比赛表现出色的一点还是在内线的防守上。

苏群：虽然北京队在得分上还没显出来，但是呢，在抢断上他们的成功率还是挺高的。

刘星宇：辽宁队一定要控制住失误，北京队要控制好篮板球，打出反击，提高上线对球路的控制，而辽宁队则是要减少失误。

苏群：连突了三个球，而且逼迫辽宁队主教练郭士强叫了暂停，半场的突破，韩德君被拉出来以后，篮下空的时候，他突进去，现在辽宁队防守做得不好。

苏群：韩德君的得分主要集中在第一节、第四节。

苏群：孙悦今天的发挥真不错，稳定啊，他在外线有两个三分球还有一个突破上篮，他这个点挺难防的，因为他能投三分，他的突破步子也是挺大的。

刘星宇：最主要的是刘志轩也好、郭艾伦也好、哈德森也好，在对位孙悦这一点时，身高上都有差距，这是个天然的错位。

苏群：北京队退防还是挺快，可是这次在减速之后是不是在打配合，突然之间一个加速。

刘星宇：这种节奏的变换就是打你立足未稳。

苏群：他这个防守线排成纵向的一字线，突掉一个就等于突掉了全部。

刘星宇：莫里斯上场也意味着后卫线要调整，马布里下场之后，换上了方硕。

刘星宇：现在吉喆上来之后，莫里斯会往篮下走，吉喆会把韩德君拉到高位，这对于李晓旭的防守来说是一个极大的考验。

苏群：刚才一开始马布里跟郭艾伦是对决的重点，现在又换成了莫里斯和李晓旭了（笑声）。

苏群：这段时间辽宁队的防守重心就要转移到内线了，转移到莫里斯这个位置上，如何去协防他？而且韩德君如何在被吉喆拉到高位的情况下，能收缩回来协防保护篮板，这是这一段时间对辽宁队的考验。

苏群：你看北京队为了防哈德森，让方硕去防刘志轩，让孙悦去防哈德森，挡拆以后，刚才吉喆跟他换过来，结果吉喆犯规了，可是你能看得出来，北京队为了防你的重中之重，是怎么来调整他的对位的优势。

苏群：现在北京队内线的优势就不存在了，啊，对不起，辽宁队刚才韩德君的优势就不存在了，变成了汤普森来对莫里斯，在身高、经验、对 CBA 的熟悉程度上，莫里斯都是要占上风的。

刘星宇：但是事实上，这样一个变化，李晓旭去防吉喆，汤普森去防莫里斯，要比刚才韩德君在的时候针对性更强一些，无论是吉喆还是莫里斯都有中远投，他们会把韩德君拉到高位。

苏群：他肯定不愿意把韩德君拉出来，拉出来以后就回不去了。

刘星宇：又费体力，又失去对内线的保护。

苏群：但是方硕他没有料到自己的脚踩到线上。

刘星宇：辽宁队在外线做连续掩护的时候，一定要注意回传球的线路，现在北京队对辽宁队的突破分球、回传线路控制得非常死。

刘星宇：今天北京队的反击都打成了，但是辽宁队比较注重的几个反击都没有打出来。

苏群：辽宁队在进攻上今天重点确实不是很明确。

据笔者统计的两场 CBA 总决赛表明，在现场分析评论方面，我国解说员和评论员都参与对比赛的评论，其中，评论员评论的解说词要多于解说员，但两者相差不大，如下表 24 所示。

表 24　CBA 联赛解说员和评论员现场分析评论对比表

	解 说 员	评 论 员
次数	152 次	192 次
频数	0.9 次/分钟	1.2 次/分钟

据统计，在现场分析评论方面，CBA 联赛的解说员一场比赛是 76 次，平均每分钟 0.9 次，而评论员一场比赛是 96 次，每分钟平均 1.2 次，评论员的现场分析评论次数多于解说员，但解说员参与评论的次数也占有相当大的比例。说明 CBA 联赛的解说员除了对现场比赛画面进行讲解说明之外，同样重视对比赛的分析和评论，在解说中，有叙述有议论，符合汉语的语言习惯，形成了解说员评叙结合，两者兼顾，评中有述，述中有评的解说风格。

ESPN 在转播 NBA 总决赛勇士队与骑士队比赛中 1 名解说员和 2 名评论员现场分析评论的解说词如下所示：

评论员 2：嗨，巴恩斯，你打过总决赛……

解说员：库里！跳投得手。勇士队，在季后赛中也会慢慢发动进攻，不会过早地投篮。库里对位香波特，巴恩斯去防詹姆斯。汤普森内线！莫兹科夫抢篮板，还有，博格特拿到，又丢了，汤普森拿到。篮板球是科尔需要担心的方面。

评论员 2：对，詹姆斯在低位，汤普森和莫兹科夫移动得非常好，非常棒的动作。

评论员 2：博格特时机把握得非常好，在詹姆斯将球换到左手勾手时起跳。但是博格特起跳的时候，如果没帽着球，这时骑士内线会有大量的二次进攻机会。

评论员 1：汤普森不仅在进攻端做得很好，在防守端他也同样努力。在这些先发球员中他盯防欧文以及骑士其他的控球后卫，整个勇士队因此而受益。

评论员 2：有些反击中的三分是好球，这个三分投得不好。

评论员 1：这是他习惯的投篮点，有时候会投三分，这片区域他的命中率很高。

评论员 1：博格特传得漂亮，但这球欧文防得不好，在低位防守上并没有起到什么作用。

评论员 1：当一位伟大的球员把两分球投开了，那对勇士来说是个不好的信号。

评论员 1：你看勒布朗移动得很好，莫兹科夫手递手传球并挡住了格林。这球投得很突然，防守球员的手扬起来只能挡住视线，这是不好的信号，但勒布朗进攻得很好。

评论员 1：有一点需要注意，勒布朗拿球低位的时候勇士至少有一人甚至一个半人快速补位上来帮助协防。

评论员 2：这样做的原因是，他们觉得可以通过其他人的联防来限制克利夫兰，因为目前骑士一个三分也没有。

评论员 2：有时候我们会看到骑士一些球打得不好，因为有一段时间没打球。

评论员 1：詹姆斯早早地拿到 7 分。史蒂夫·科尔叫了个暂停。

评论员 2：勒布朗并没有受长时间没打球的影响，进了一些跳投，和美妙的左手勾手。这是一个错位防守，库里并不想这样防守，然后詹姆斯君临天下。

评论员 1：这是一次很合理的传球。你在联盟中很难发现有像巴恩斯这么能投三分的大前锋。

评论员 2：如果你是欧文的话，估计你听库里的名字已经听烦了，我保证他和库里一样优秀，这球帽得非常漂亮，他是一个不愿意屈居人后的家伙。

评论员 1：干得好！无球的移动非常好，詹姆斯做的传球选择很棒。

解说员：还有 12 秒的进攻时间，勇士发出底线球，库里投篮不中，无球犯规，伊哥达拉被詹姆斯犯规，两个人都有点动作，这也将是詹姆斯的第二次犯规。看，稍稍向后推的动作，动作很小，但还是吹了。

评论员 2：莫兹科夫表现出色，造成这么大的空档，我们看库里也经常会投出这种抢下前场篮板球后的三分。

评论员 1：但是作为教练来说，有大队员切入，这对另一个防守球员的压力就很大，他需要很大力气才能将其挡出去。

评论员 1：场地里有 38 度的镜头吗？

评论员 2：我看了器材的单子，这个你不会注意的。

解说员：库里找到伊哥达拉，欧文在防守端已经贡献了一个盖帽和一个抢断，伊哥达拉失去平衡的跳投，球进，漂亮。欧文在第一节已经做了那么多贡献，他的状态看起来棒极了。

评论员 2：也许没那么多角度可以去欣赏，但你看欧文，连续的晃动、变相、保护球，这球太棒了。

评论员 2：你很难看到库里和汤普森同时下场。

评论员 1：你要去享受这种在进攻端分享球的感觉，将几个人串联起来。

评论员 1：看看这场比赛的关键点，进攻可以从得分上看出来，但更令人印象深刻的是他们的防守，他们很注意防守的细节，不允许对手出现空当投篮，我们看到勇士很少有这样的机会。

表 25　NBA 联赛解说员和评论员现场分析评论对比表

	解 说 员	评论员 1	评论员 2
次数	31 次	148 次	153 次
频数	0.13 次/分钟	0.57 次/分钟	0.59 次/分钟

在 NBA 总决赛的演播室里有两名评论员和一名解说员,从表25 可以看出,在现场分析评论方面,NBA 联赛的解说员两场比赛现场分析次数仅是 31 次,平均 0.13 次每分钟,远低于 CBA 联赛的电视转播,NBA 电视转播的解说员主要对现场进行同步说明和对球队、球员等背景知识进行介绍,只是在现场同步说明之后稍加评论,分析评论内容不多;评论员两场比赛的分析评论次数达到 301 次,平均每场 150 次,比 CBA 次数稍少,两名评论员交替点评比赛,在点评过程中夹杂着对球员的评价、引用数据分析比赛进程,很好地帮助观众解读比赛。

通过对解说词内容的分析,我们可以发现在解读比赛的专业性和客观性方面,CCTV - 5 的分析内容较 ESPN 的浅显易懂,NBA 的分析评论言简意赅,具有很强的针对性,两名评论员交替评论,在评论中穿插对球员状态的评价,此外,大量地利用电视屏幕中出现的数据解释比赛也是 NBA 评论的一个主要特点,解说员参与分析评论的次数较少,把更多的精力放在对比赛的同步说明上,解说与评论的分工更加明确,在这些方面,CBA 与 NBA 相比还存在很大的差距。

4.5.2.2　现场同步说明

现场同步说明是解说的重点内容,主要解说电视画面中比赛的现场状态、技战术运用情况、比分情况、球员表现等。在篮球比赛中,球队双方攻守转换频繁,对比赛同步说明可以帮助观众更好地观赏比赛,告知观众哪个球员得分了、通过什么方式得分的、哪个球员拿到篮板球了、球员在比赛中的表现如何等,这些比赛画面都可以同步播送给电视观众。下面以2014—2015赛季CBA和NBA总决赛的某节比赛为例进行比较分析。

CCTV-5在转播CBA总决赛辽宁队与北京队比赛中解说员刘星宇和苏群现场同步说明的解说词如下：

苏群：抢断翟晓川（此时显示北京队翟晓川抢断的画面镜头）。

苏群：来看一下张松涛拉到外线。

刘星宇：做了一个掩护之后，孙悦直接出手，这球没进，但张松涛抢到篮板，两人上去夹击，把张松涛封盖掉了。

刘星宇：我们看郭艾伦的一个突破，直接一个抛投，还是没有进，争抢当中，北京队自己篮板球丢了，贺天举外线出手。

苏群：北京队三个人上去抢篮板球，反而自己把球碰出去了。

刘星宇：哈德森，溜底线出来之后一接球，三分。

苏群：打了有一分多一点，才进第一个球。还是用郭艾伦来防马布里。

苏群：郭艾伦被判了第一次犯规。

苏群：你看韩德君到篮底下去等马布里了。

刘星宇：张松涛做了一个假传球之后，直接跳投，还是没有命中。

刘星宇：哈德森直接突篮下，隔着两个人起来投，韩德君的篮板，也是被封盖掉。

刘星宇：张松涛还是在很高的位置给马布里做挡拆，好球。

刘星宇：北京队是孙悦开场之后投进了第一个球，三比三打平，双方都是外线投中的,位置跑重了,李晓旭和贺天举,重新来组织进攻,韩德君拉出来打挡拆。

苏群:你看北京队外线的抢断,造成辽宁队 24 秒违例。

苏群:翟晓川两次发动快速的进攻都没有成功。

刘星宇:挂一个牛角回传到外线,辽宁队经常使用这一套战术,在高位形成双掩护之后,李晓旭往上拉,韩德君往下切,整个战术连续性比较强,上篮打进。

刘星宇:郭艾伦突破不进,但李晓旭又抢到篮板。

刘星宇:还是韩德君的协防。

刘星宇:这次是韩德君面对张松涛,一打一,篮下,力量的对抗。

苏群:有时韩德君堵在这一条线上。

苏群:哈德森这下突也成了。

刘星宇:韩德君冲进来之后,一个脑后传球,一个进攻犯规。

苏群:这个也是追踪裁判和前导裁判同时响哨,都吹的是进攻犯规。

苏群:还是要给韩德君,这球又失误了。

刘星宇:马布里突进来得分,北京队把比分反超了。

刘星宇:现在辽宁队做出一个调整,把郭艾伦换下把刘志轩换上,不对,把贺天举换下,郭艾伦还在,把刘志轩换上。

苏群:这回是有双人配合,打了一个挡拆。

刘星宇:马布里差点出现一个失误,把球控制下来。孙悦在底角,这个位置,郭艾伦去防守,身高上有差距。

刘星宇：在打一个挡拆，刘志轩晃开张松涛以后，一个后仰跳投。

刘星宇：哈德森突进来。

苏群：北京队这边换人了，换莫里斯上。

刘星宇：打一个错位，郭艾伦突进来之后，一个投篮。

苏群：连续的交叉掩护，又出现失误了。

刘星宇：辽宁队现在在守联防，两人回来夹击。

苏群：你看，翟晓川今天打得很积极啊，但是这球一个人跟三个人抢篮板球，辽宁队反击，吃了帽这球。

笔者统计2014—2015赛季CBA总决赛的两场比赛发现，在现场同步说明方面，解说员和评论员的解说词都占有一定的比例，但解说员的解说词明显多于评论员。此外，与现场分析评论相比，叙述与评论比例相当，述评结合，述中有评，评中有述是中国解说员和评论员的主要解说模式。如表26、表27所示。

表26　CBA联赛解说员和评论员现场同步说明对比表

	解 说 员	评 论 员
次数	168 次	120 次
频数	1.1 次/分钟	0.7 次/分钟

表27　CBA联赛解说员和评论员述评比例表

角　色	现场分析评论次数	现场同步说明次数	比　例
解说员	152 次	168 次	1：1.1
评论员	192 次	120 次	1：0.6

从表 26 可以看出,在现场评论方面,CBA 联赛的解说员每场平均 84 次,每分钟达到 1.1 次,而评论员平均每场 60 次,每分钟是 0.7 次,这说明在对比赛画面描述方面,解说员起到主要作用。在叙述和评论方面,两大角色的述评比例分别是 1∶1.1 和 1∶0.6,尤其解说员的述评比例相当,边叙述边议论,评论员主要还是做好本职工作,以分析评论比赛为主,以帮助观众更好地观看比赛。

ESPN 在转播 NBA 总决赛勇士队与骑士队比赛中解说员和评论员现场同步说明的解说词如下:

解说员:克莱·汤普森上反篮没进,莫斯科夫拿到篮板球。进攻转换,香波特球传得不好,巴恩斯抢断,勒布朗·詹姆斯领到他的第一次犯规。

评论员 1:很明显的冲撞,巴恩斯的球被撞掉,勒布朗没能接到球由于香波特这个大意的传球。

解说员:勇士发边线球,响哨,这是本场比赛第二次响哨,一次给勒布朗,一次给香波特,骑士队在七局四胜制的比赛中打出六连胜。库里投篮!太大了,欧文拿球发动进攻。欧文上篮,没进。博格特抢篮板球,但被骑士汤普森碰了一下球,汤普森拿到篮板,欧文三分。巴恩斯拿下篮板。

解说员:汤普森远距离投篮,没进。

解说员:詹姆斯一罚没进,场地周围都是媒体。汤普森犯规给了勒布朗罚球的机会,看第二罚。詹姆斯在东部决赛的时候基本上是平均每场三双的表现。

解说员：库里！跳投得手。勇士队，在季后赛中也会慢慢发动进攻，不会过早地投篮。库里对位香波特，巴恩斯去防詹姆斯。汤普森内线！莫兹科夫抢篮板，还有，博格特拿到，又丢了，汤普森拿到。篮板球是科尔需要担心的方面。

解说员：詹姆斯挤开巴恩斯，博格特盖帽！汤普森来了。舔篮，没进，巴恩斯直接补扣，哨响犯规，不算。汤普森上篮时候被犯规，因而得到两次罚球。

解说员：博格特第二次盖帽！库里，传给格林，三分。

解说员：勒布朗正面运球跳投。

解说员：詹姆斯改变了他跳投不好的形象，尤其是三分不好。博格特传给切入的库里，漂亮。

解说员：欧文由于膝关节伤病的原因在东部决赛中有两场球没有打。欧文传球，掉了，还好又捡回来。莫兹科夫，给詹姆斯传球后掩护，投进。两投两中。

解说员：格林杀入篮下，莫兹科夫阻挡，他站在了合理冲撞区内，因此领到一次犯规。

解说员：格林得到两次罚篮，勇士队里还没有人打过总决赛，上一次勇士队进入总决赛还得追溯到 40 年前，1975 年拿到冠军那次。比分交替上升回到同一起跑线，欧文，这个系列赛的关键，这几场和常规赛以及过去的几轮比赛中表现都不一样。博格特抢断，库里跳舞似的运球，抛投，没有中。勒布朗篮板。

解说员：詹姆斯底线的跳投不中，汤普森拿到篮板。

解说员：汤普森没进，骑士汤普森拿到篮板，欧文三分没中。偏得有点远。

解说员：传给篮下的格林，博格特补篮也没进。骑士在打总决赛之前歇了八天，而勇士队歇了七天，因为他们都是快速结束战斗。这种感觉并不能带入到今天的第一场比赛。勒布朗杀到内线。

解说员：好，多希。传给巴恩斯，三分投进。这个是他们的第二次领先，上次是汤普森的进球，巴恩斯帮助勇士队领先两分。

解说员：特里斯坦·汤普森又拿下一个前场篮板，他简直是一个篮板怪兽，他场均能抢下四个前场篮板球。香波特传球给汤普森，汤普森抛投不中，博格特拿到篮板。欧文盯防库里尽管他膝盖还有伤，库里突破，库里被欧文帽下来，非常好的防守。詹姆斯，上篮，被巴恩斯犯规，上罚球线。

解说员：伊哥达拉外线开火没中。安德鲁·伊哥达拉，联盟最好的"第六人"之一，是勇士队最大的倚仗，他现在盯防詹姆斯。莫兹科夫，泰山压顶！令人印象深刻的表演，来自莫兹科夫。

解说员：伊哥达拉把球扔给格林，格林给博格特，被汤普森给帽了，出界，还是勇士队的球。

评论员1：无球的跑动，詹姆斯传球的视野很好，在两名勇士球员面前把球扣进。莫兹科夫抱球还有空中的对抗，这球很有气势。

解说员：还有十二秒的进攻时间，勇士发出底线球，库里投篮不中，无球犯规，伊哥达拉被詹姆斯犯规，两个人都有点动作，这也将是詹姆斯的第二次犯规。看，稍稍向后推的动作，动作很小，但还是吹了。

解说员：上个系列赛伊哥达拉防守詹姆斯·哈登防得极其出色。莫兹科夫点一下球，球权还在。欧文大空档，投进三分。

解说员：格林把球传出界，球出去时变线了，被骑士队球员碰了一下，勇士队发边线球，利文斯顿上场，汤普森休息，J.R.史密斯上场。

评论员1：詹姆斯不让接球。

解说员：利文斯顿，科尔说他是极好的季后赛球员，在欧文头上投篮，没进，詹姆斯拿到篮板。勇士队开始的时候15投3中。很漂亮的传球给莫兹科夫，莫兹科夫又与勇士队队员对抗，哨响，格林有点着急，在这个距离上你需要提前预判，早点站位。

解说员：在12月和1月的时候，由于瓦莱乔的伤病，骑士队不得不寻找内线，而找到了莫兹科夫。莫兹科夫罚进，骑士队领先6分。骑士一拨8比0，欧文抢断运球一条龙，格林延误了下，上篮，球进。

解说员：库里找到伊哥达拉，欧文在防守端已经贡献了一个盖帽和一个抢断，伊哥达拉失去平衡的跳投，球进，漂亮。欧文在第一节已经做了那么多贡献，他的状态看起来棒极了。

解说员：依泽被吹犯规，他们在控制篮板球上确实遇到了麻烦。

评论员2：对。罚篮不进，依泽拿到，詹姆斯想抢断。

评论员1：但是球出界了，勇士队的球。

解说员：伊哥达拉、库里、格林、依泽和利文斯顿。詹姆斯、琼斯代表克利夫兰上场，格林上篮不进，偏出太多。场上有两个最好的控球后卫，欧文和库里，欧文突破底线，传给无人防守的史密斯，史密斯三分,球进。依泽球传得不好,他丢掉了他的平衡,欧文,史密斯,传给詹姆斯,回传欧文,空接汤普森。但是传太高了。他想运球,但是出界。人太多了,球没能拿住。对科尔和他的勇士队来说这是个艰难的开局,在半场就被人领先两位数这种情况在赛季后期出现过四次,库里!

解说员:詹姆斯强行挤进去,伊哥达拉,传到外线,出界,库里碰了一下。

解说员:詹姆斯三分,投进!詹姆斯早早地找到外线投篮的感觉,现在双方外线三分的投篮命中率只有18%,但是骑士队的领先优势已经到了13分了。

解说员:利文斯顿投篮不进,史密斯防得很好。詹姆斯外线远投,汤普森抢板,犯规,他已经拿到了七个篮板,这是他第一次被吹犯规。

解说员:第二个罚球进了,两罚全中。德拉维多瓦,史密斯后撤步跳投三分投进。这就是史蒂夫·科尔在赛前说的,史密斯就是能投进,即使你把手放他脸上他也能投进。巴恩斯跳起传球,巴尔博萨,投篮,球进。要看下回放。

解说员:脚踢球,离第一节比赛结束还有24.3秒,骑士本次进攻还有14秒的时间防守是比赛的关键,他们是季后赛最好的防守球队。裁判正在看计时器的时间对不对。

解说员:队伍在季后赛中仅仅只有41%的命中率,三分防得已经是最好了,没进,巴尔博萨拿到篮板,巴尔博萨背后运球,传球太大,伊哥达拉拿到,伊哥达拉对位詹姆斯,漂亮的脚步,突进内线扣篮。史密斯,这球肯定不算。弹出。第一节比赛结束。库里领衔的勇士队29%的命中率,詹姆斯拿到12分。

本书统计2014—2015赛季NBA总决赛的两场比赛时发现,NBA解说员会大量针对比赛画面进行同步说明,在同步说明过程中,加入稍许对比赛的评论。此外,笔者发现,NBA解说员还会加入大量的对球员、球队、所在城市的背景知识介绍,总体来说,参与评论的次数较少;而评论员基本不参与对比赛的同步解说,他们主要就是分析点评比赛,如表28、表29所示。

表28　NBA联赛解说员和评论员现场同步说明对比表

	解 说 员	评论员1	评论员2
次数	298次	40次	12次
频数	1.7次/分钟	0.16次/分钟	0.04次/分钟

表29　NBA联赛解说员和评论员述评比例表

角　色	现场分析评论次数	现场同步说明次数	比　例
解说员	31次	298次	1：9.6
评论员	301次	52次	1：0.17

从上表可以清晰地看出,NBA解说员绝大多数时间在对比赛进行同步说明,两名评论员的主要任务是解读、分析比赛过程,分工明确,述评比例相差很大,分别是1：9.6和1：0.17,这有别于CBA解说员和评论员夹叙夹议的解说方式。此外,无论是在现场同步说明的次数上还是内容上,与NBA相比我们都存在着差距,在解说过程

中,CBA 电视解说员对比赛画面的描述性语言较少,显得过于笼统和简单,ESPN 的电视解说具有某种风格,对比赛画面解说基本采用"球员+事件过程+事件结果"的模式,在语言上,"不可思议的得分""令人吃惊的扣篮"等语句增强了电视解说的感染力,幽默的语言、有节奏的声调变化,刺激着观众的听觉神经。

4.5.2.3 现场采访报道

现场采访报道一般发生在每节比赛结束后、半场比赛结束后和全场比赛结束后,会请主教练或球员面对镜头接受现场采访,在 NBA 比赛中,有时在比赛暂停期间还会看见记者采访退役的名宿球员或受伤观看比赛的明星球员等。在篮球比赛转播中,通常转播机构会派专门的记者去比赛现场采访,这种近距离的采访形式,拉近了球员与观众的距离,使观众对球队、球员近期的状态,球队的赛前准备及比赛中采用的技战术打法有一个更加直观和深入的了解,对明星球员或退役名宿球员的采访更让观众有归属感,让球迷备感亲切。

通过对采访内容的对比分析可知,NBA 现场采访的次数较多,在赛前、节间休息和赛后会对明星球员、教练员甚至退役名宿进行 40 秒左右采访,以报道球员、教练对本场比赛布置情况,CBA 联赛的现场采访主要集中在赛前和赛后,赛前如何准备比赛、赛后总结比赛成为采访的主要内容,在这方面,两国联赛都做得很好,第一时间把信息传递到电视观众那里,拉近了比赛与球迷的距离,现场采访带来的信息同样便于解说员更加深入专业地解说比赛,专业的问答道出比赛胜负的原因所在,这些信息都是观众好奇、想要知道的地方。

4.5.2.4 背景介绍

通过背景知识的介绍,可以向观众交代比赛场地、时间、所在城市、球员、球队和主教练等详细情况,使观众深入了解比赛,加深电视转播报道的力度和深度。在篮球比赛中,对背景知识的介绍通常采用铺垫和补充的方式,背景介绍包括球队发展史、双方交战的历史、人物背景、球队基本战术、明星球员近期表现、规则说明等,把这些信息传达给观众,可以帮助其加深对比赛的理解,揭示比赛的意义。

在背景知识的介绍方面,ESPN 的电视解说比 CCTV‑5 做得好,ESPN 的背景介绍主要是由两名评论员完成的,解说员也会在现场同步解说过程中加入一些对球队、球员、常规赛表现等的介绍,而 CCTV‑5 的电视解说的背景知识介绍较少,针对性和专业性不太强,可能与对球队、球员的信息了解不够有关,信息量总体上显得不丰富,与 ESPN 相比还存在差距。

4.5.2.5 空白

空白是指在电视转播过程中,解说员或评论员不发声,只有无声的比赛画面供受众观看的状态。在早期,若连续 6 秒不发出声音,就被认定为技术故障,这种情况是不容许出现的,但现今,体育电视解说员给出适当的空白时间,让观众更专心地欣赏比赛精彩的画面、球员漂亮的动作和巧妙的技战术等,有利于观众消化吸收比赛的全过程。

CCTV-5 的解说员都比较注重空白时间的供给,NBA 的解说员空白意识较差,解说员几乎一直对比赛画面进行同步解说,留给观众观看比赛的空白时间很少。不同于广播时代,电视是集视听于一体的媒介,观众的注意力主要集中在电视画面上,此外,在心理学上,短时间消化和吸收大量的信息也超出了观众的接受能力,喋喋不休的解说反而使得观众观看比赛处于一种疲劳、厌烦的状态,解说员在电视转播中扮演着"导游"的角色,既要带领观众看懂比赛,又要给观众留有一定的"余地"自己欣赏。在篮球电视转播中,当球员运球进入前场进攻时、半场进攻球员传球运球或投篮时,解说员都应给出一定的空白时间,从观众角度看,这也是服务观众、尊重观众,为了观众更好地回味比赛的精彩画面。

4.5.3 CBA 联赛电视转播字幕的应用现状分析

4.5.3.1 电视字幕的含义

《中外广播电视百科全书》中将电视字幕定义为:直接呈现在电视荧屏上或叠现在电视画面上的一切文字的总称。[1] 如直接呈现在屏幕上的公告,叠在画面上的台词、歌词、人名、地名、要闻插播、节

---

[1]　郭镇之.中外广播电视百科全书[M].上海:复旦大学出版社,1995,213.

目预告等。随着电视计算机和子母机的问世,字幕较以往书写方式更为灵便。

《广播电视简明辞典》一书中将字幕称为屏幕文字,它是指电视画面上叠印的一切文字。其解释如下:屏幕文字可增加画面的信息量,对画面有说明、补充、强调作用。[1] 常用来介绍画面上的人物身份、姓名,说明时间、地点。用于电视新闻中简要概括说明新闻的主题。它可强调新闻的要点、新闻的关键言论、具体的数字等。它还可以对新闻背景做补充。在电视节目播出中,屏幕文字还可报道新发生的新闻事件,预告下面节目的名称及播出时间。屏幕文字以精练的语言做概括的说明,力求简洁醒目,给观众留下深刻的印象。或是:电视字幕是电视屏幕上显现的文字,它是电视屏幕上中外文字的总称,即电视画面中的一切文字。

在百度搜索关键词"电视字幕",是指以文字形式显示电视、电影、舞台作品中的对话等非影像内容,也泛指影视作品后期加工的文字。影视作品的对话字幕,一般出现在屏幕下方,而戏剧作品的字幕,则可能显示于舞台两旁或上方。

一些研究人员对"电视字幕"一词也提出过详细的定义。综上所述,本书中 CBA 电视转播字幕是指按照一定的规律,在比赛前、比赛中、比赛后电视画面上出现的一切文字的总称,用以传递比赛信息、解释比赛或对电视画面进行解说、强调、补充、概括,在电视屏幕上呈

[1] 赵玉明,王福顺.广播电视简明辞典[M].北京:中国传媒大学出版社,1989,87.

现的一种文字符号。

4.5.3.2 电视字幕的类型与功能

电视字幕是电视画面中独特的视觉元素,如今,在电视屏幕上出现了各式各样的字幕,每一种字幕在电视节目中的作用都是不同的,学者们也从不同的角度对电视字幕进行分类。对电视字幕的分类是一件相当困难的事情,笔者在本书中先对各种常见的电视字幕进行简要的概述,然后根据电视字幕的功能与作用,再对字幕类型进行相对的划分。

一、角标字幕

角标字幕一般位于屏幕的四角,包括台标、节目标志和广告等。台标一般位于屏幕的左上角,是一家电视台形象识别系统的重要体现,目前使用较为规范。在左下角、右上角、右下角出现的一般是栏目的名称、电视剧名称、体育比赛的成绩、比赛名称、时钟、广告剩余时间、节目预告等,形式多样,有的固定存在,有的定时出现,使用还不是很统一。

二、滚动字幕

滚动字幕俗称"飞字幕",一般情况下,位于屏幕的最上方或最下方,一行由右向左滚动,内容大多是临时的节目变化通知、片尾滚动的演员表等,现在有些电视节目为了创收,在播放电视节目的同时,在屏幕的最上方或最下方滚动播放广告等信息,这严重地影响了观众观看电视节目的心情,也破坏了整个电视画面的美感。

三、标题字幕

标题字幕通常位于一部片子的片首,用以表明电视片的主题思想和主要内容,其重要性自不待言,一般不超过六个字,要求简明易懂。标题字幕更多地是提示观众下面播放的节目内容,它的出现会让电视片的结构层次更加分明,就像读者在阅读书籍前浏览目录一样,使读者不至于陷入"迷途"的境地。

四、语音字幕

语音字幕是电视节目中与人物语言保持同步的字幕,一般出现在电视屏幕的下方。人物的语言和台词,可能因口音或语种等原因模糊不清,若没有字幕,观众很难听清楚或听懂,这时就需要用字幕来弥补。在东西方交流越来越频繁的今天,有的节目可能来不及或无须翻译配音,这时的字幕就显得愈发重要甚至是必不可少的。

五、片尾字幕

片尾字幕是电视剧、节目必不可少的一部分,大多是由演职员表、鸣谢、制作单位名单构成,这一方面体现了对制作人的尊重,表明了著作权的归属;另一方面也申明了著作人对所作节目负有责任,是受大众监督的一种形式。片尾字幕要求字幕清晰易辨,滚动速度不宜过快。

六、其他

除上述五大类字幕外,还有其他形式的字幕,如介绍性字幕、整屏字幕、拍摄字幕、特技字幕等,在这里就不一一赘述了。

本书从两个维度,根据字幕在职业篮球电视转播中的表现形式及所起到的作用来划分,将电视字幕分成切入型字幕、滚动型字幕和特技型字幕,从字幕在比赛中起到的作用分成实用型字幕和修饰型字幕。当然这种分类也只是相对的,在具体的使用情境下,很难清楚地区分字幕所起到的效果。如以修饰性为目的出现的字幕同样也传递着一定的含义。

根据字幕的表现形式划分:

一、切入型字幕

切入型字幕是指在电视节目播放过程中,以"切入"的形式将图文信息叠加到电视画面上的字幕。在篮球电视转播中,这种切入型的字幕经常出现,比如某支球队在一段时间内连续得分打出小高潮,这时切入型的字幕的出现能给观众视觉冲击,将观众的注意力吸引到字幕上去,更好地告诉观众在前几分钟两支球队发生的情况。

二、滚动型字幕

滚动型字幕是指以某种速度,在电视屏幕上从右向左以滚动的形式传递信息的方式。这种字幕在电视转播中运用的次数较少,主要介绍一些其他节目内容的变化、滚动新闻等。

三、特技型字幕

特技型字幕是指在电视画面上以特技形式出现的一种字幕形式。在篮球比赛电视转播过程中,暂停或节间休息期间,使用特技型字幕,可以完整再现比赛战术的变化,此外有些商家的广告也是使用了特技型字幕予以呈现。这种字幕运用得好,可以达到改善观感的收视效果,形成画面特有的节奏与美感。

根据字幕在比赛中起到的作用划分:

一、实用型字幕

实用型字幕,顾名思义是在比赛过程中,利用文字的表达功能,对比赛画面进行直接的说明、解释、补充,以迅速地传达明确的意义。这种字幕在 CBA 电视转播中应用较为广泛,主要有以下两种形式:

介绍性字幕:在赛前、赛中和赛后,对篮球比赛的相关信息起到介绍作用的字幕,如比赛球馆名称、球队首发阵容、教练员名称、当地温度气候、赛后记者采访等字幕。

解释性字幕:这种字幕主要发生在比赛开始之后,随着比赛进程的深入,将一些球员、球队的数据以字幕的形式供给,对帮助观众看懂比赛、解读比赛起到了解释的作用,同时也是对单调画面的一种补充,属于增加节目信息的字幕。

二、修饰型字幕

修饰型字幕是相对实用型字幕而言的,主要发挥它的视觉表现功能,这些字幕在电视荧屏中的出现,也许并不需要表达特别的意思,只是对画面起到装饰或纠正的作用。

纠正型字幕:在电视节目的后期制作过程中,可以将前期拍摄的画面巧妙地使用字幕进行加工与完善。例如在画面偏暗的情况下,加上浅色调的字幕能解决画面暗的问题,由于篮球比赛的快速性与及时性,这类字幕在现场转播中使用很少,因为现场转播时间非常宝贵,基本没有多余的时间去纠正之前犯下的错误,但在专题栏目、宣传片等节目中,纠正型字幕还是起到了一定的作用。

装饰型字幕:汉字的书法艺术源远流长,在很多场景中发挥着锦上添花的功效。这种类型的字幕常在综艺娱乐片中使用,为其增色不少,但在体育比赛中使用得很少。

4.5.3.3　CBA 电视转播字幕中存在的问题

与新闻、娱乐、电视剧等电视节目的字幕相比,体育比赛的电视字幕有共同点也有不同点,有赛前、赛中、赛后根据电视节目的流程配合播放的相对固定的字幕,如场馆信息、球员身高、年龄、裁判员与教练员姓名以及与比赛相关的固定信息等,还有根据比赛情况出现的成绩顺序、技战术统计、出场顺序、球员得分等无法预测的体育比赛信息。下面从 CBA 电视转播字幕的数量、正确性和停留时间这三个方面分析,就目前 CBA 电视字幕中存在的主要问题进行一一陈述。

一、CBA 联赛电视转播电视字幕的数量

篮球比赛的电视字幕起到介绍比赛、解读比赛、预测比赛的作用,出现的字幕里面包含着球员的数据信息、球队的首发阵容,场馆的地理位置,主场所在地的气候、温度,赞助商的标志等信息,字幕出现的数量多少直接关系到是否把比赛基本信息交代清楚了,观众能不能看懂整场比赛,以及赞助商的标志有没有在电视荧屏前获得足够的曝光。目前 CBA 联赛在电视字幕的数量方面较 NBA 更少,李宁从 2012—2013 赛季开始与 CBA 签下了 5 年 20 亿广告费的商务合

同,正式成为 CBA 联赛的主赞助商,虽然对每节相关字幕的数量没有明确的规定,但要求 CBA 联赛整场比赛出现带有李宁标志的字幕时长达到 400 秒,若每条字幕的呈现时间大概 4 到 6 秒,整场比赛的相关字幕应有 67—100 条,平均每节呈现 17—25 条。据统计,CBA 联赛每场出现的字幕数量平均在 70 条左右,各地方电视转播情况各不相同,水平参差不齐,仍有一部分电视转播台未能达到要求,目前还没有统一的规范要求;而 NBA 联赛每场的电视转播字幕数量能达到 85—90 条,可见,从赞助商的角度来讲,CBA 联赛电视转播的字幕数量还是不够的,使赞助商的曝光率降低,未达到赞助商的需求,同时也打击了赞助商投资 CBA 的积极性,不利于 CBA 联赛的长远发展。

二、CBA 联赛电视转播电视字幕的正确性

在电视屏幕上经常会出现错别字、多字、漏字等现象,其中错别字在电视画面上的出现率居高不下。在传递信息过程中,屏幕上出现的错别字会产生不良的影响,对电视观众产生误导,影响观众对汉语言规范的认识。据一项调查显示,85% 的电视观众在电视字幕上看见过错别字的出现,其中电视剧中出现的错别字最多,可见,电视屏幕上出现错别字的现象是普遍存在的。

我国男子职业篮球联赛电视字幕在控制错别字、多字、漏字方面做得很好,一方面比赛中出现的汉字较少、较容易书写,另一方面,观众在比赛中看到的电视字幕都是提前储存在字幕机模板中的,是提前设计好的。但是篮球比赛攻守速度快、对抗性强,比赛的及时性强,除了做到无错别字、多字、漏字之外,我们还要做到让电视字幕的出现能更好地解释比赛,以便观众了解比赛发生的情况、球员的个人表现、球队的整体表现,这就需要我们的字幕导演深入研究篮球比赛项目,熟悉球队的情况。CBA 电视字幕在这方面的正确性是远远不够的,经常出现字幕与比赛的关系不紧密,观众想看见的字幕没有给,无关的字幕信息出现在电视画面上,字幕与画面中出现的人物对不上,以及电视字幕的及时性不强,字幕出现较晚,无法解读当前比赛等情况。在 2014—2015 赛季,常规赛山西队和青岛队比赛第一节还有 4 分 32 秒时,拍摄镜头对准了青岛队的 15 号中锋哈达迪,这时电视字幕出现的是球员身高 191 厘米,体重 80 千克,年龄 29 岁的字样,稍微有点篮球运动常识和关注篮球比赛的观众都知道,CBA 球队的中锋球员身高不太可能是 191 厘米,更何况青岛队 15 号球员哈达迪是亚洲数一数二的球星,球迷对哈达迪的基本信息情况也有所了解,这种字画不对位的低级错误不应该在 CBA 联赛电视转播中出现。此外,还有一种字画不对位现象是出现的字幕无法很好地解释当前比赛的画面状况,例如 2014—2015 赛季常规赛广东队与辽宁队比赛的第三节,广东队外援拜纳姆和辽宁队外援哈德森对飙三分球,比赛比分一度交替领先,为了更好地解释比赛进程,应该在这两名球员的近景时,给出两名球员的单节得分、投篮命中次数等数据字幕,但当时的字幕却给出了全队的投篮命中率、助攻数的数据,跟当时比赛的情况不相符合,这是 CBA 联赛电视转播字幕经常出现的不正确现象。

三、CBA 联赛电视字幕的停留时间

电视字幕的停留时间是影响受众观看的一个重要因素,字幕停

留时间的长短目前还没有明确的规定,更多的是凭借字幕操作员的经验来决定的,为了电视观众可以看清楚屏幕呈现的字幕,而又不影响比赛的正常观看,一般情况下,在暂停、中场休息和全场比赛结束时出现的多项数据统计,字幕停留时间在 15 秒左右;而数据在三项或三项以下时,字幕停留时间在 4 到 6 秒之间,如某球员的得分、助攻、抢断数据。在实际操作过程中,字幕停留时间过短,观众还没有来得及看清楚内容,字幕就被切换了,这会给观众造成一种压迫感,不利于观众观赏比赛;字幕停留时间过长,会遮挡篮球比赛的画面,使得观众无法正常观看比赛画面,这不仅影响到观看比赛的进程,还会影响电视节目的连贯程度。CBA 电视字幕的停留时间普遍存在过短的现象。

笔者从 2013 赛季开始参与转播 CBA 比赛,刚开始的工作岗位是字幕导演,对字幕停留时间过短的现象深有体会。虽然 CBA 电视字幕模板是提前设计好存储在字幕机里面的,但由于篮球比赛速度快,在比赛时从浩瀚的信息中选择恰当的数据以字幕的形式呈现给观众,需要字幕导演快速对比赛进行解读,需要字幕操作员熟悉设备、操作熟练,需要操作员与导播长期的默契配合,需要官网数据传输的及时达到,任一环节的落后,都会导致呈现给观众的字幕不及时,停留时间较短,只能匆匆忙忙上字幕,慌慌忙忙下字幕,显得手忙脚乱。CBA 联赛电视转播可以说是每个环节都稍慢半拍,从官网数据传输至字幕机,再到字幕导演要求字幕操作员呈现字幕内容,最后到字幕操作员找模板上字幕,每个环节都显得滞后,直接导致字幕在电视画面中的停留时间不够。

符号是电视转播的微观因素,主要包括画面、解说评论和字幕三个方面。本章笔者介绍了职业篮球电视转播"把关人"体系的岗位职责和 CBA 电视转播的现状,深入比较分析了 CBA 与 NBA 联赛电视转播的比赛画面内容、各阶段机位的使用情况及解说员和评论员的解说方式,通过对比赛画面内容中七个要素的研究得知,NBA 联赛电视转播对球员近景和特写的景别使用次数很多,尤其对明星球员的拍摄表现得相当突出,其他景别的使用也占有一定的比例,且景别的时长都严格控制在科学时间范围之内,与之相比 CBA 联赛电视转播这些方面做得均不太好。从议程设置角度来看,在篮球比赛的各阶段,第一议题是比赛的比分、球员尤其明星球员的状态及场上出现的意想不到的事情;第二议题是裁判员和双方教练员临场指挥情况;第三议题是对球迷和其他场外事件的关注。在解说员和评论员方面,CBA 联赛逐渐形成了述评结合,述中有评,评中有述,述评比例相当的解说方式,NBA 联赛的解说员和评论员分工相对比较明确,解说员主要负责对比赛画面的同步说明,评论员主要是分析点评比赛,两角色交替解说和评论转播比赛,形成了解说内容信息量大、语言风趣幽默、声调节奏起伏的解说方式,但 CBA 联赛的解说专业水平整体上不如 NBA 强。以上研究为后文职业篮球电视转播公用信号制作理念的提出提供了理论基础。字幕方面,CBA 联赛电视转播画面制作与 NBA 相比,主要存在电视字幕数量偏少、字画不对位、无关字幕较多、字幕在电视荧屏上的停留时间过短或过长等问题。

4.6 影响 CBA 联赛电视转播
质量的主要因素及其对策

4.6.1 影响 CBA 电视转播的硬软件因素

4.6.1.1 硬件设施因素

硬件设施是指机器设备、场馆设施、工具用具、灯光机位等,NBA 前总裁大卫·斯特恩讲述 NBA 联盟成功的三个原因,首先是对建设体育场馆的要求,然后是 NBA 与电视媒体的合作,最后是明星球员的包装,可见,硬件设施的好坏对电视转播质量的高低有重要影响。

体育场馆照明系统的因素

随着 CBA 职业化进程的不断深入,近些年来,我国篮球职业联赛硬件设施不完善的问题得到了很大程度的改进,但对于看惯了 NBA 比赛转播的电视观众来说,这些进步还是不够的。在场馆灯光照明方面,根据《体育场馆照明设计及检测标准》结合在实际转播中的经验和现有场馆的要求,目前 CBA 场馆高清电视转播照明标准是主摄像方向最低垂直照度 ≥ 1 500 勒克斯,水平照度在 1 500—2 500 勒克斯之间。垂直照度均匀度最小值与最大值之比 $Evmin/Ev\text{-}max \geq 0.6$;垂直照度最小值与平均值之比 $Evmin/Ev\text{-}ave \geq 0.7$。而从笔者参与的 2013—2016 三个赛季的电视转播看,转播 CBA 联赛体育场馆的灯光照明有接近一半还没有达到这一标准,如

图 35 所示,这会直接影响电视转播画面的色彩质量,电视观众看比赛会有一种不舒畅的感觉,构图整体会显得不太美观,不利于电视转播的顺利进行。

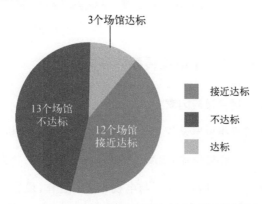

图 35　CBA 2015—2016 赛季体育场馆灯光照明系统达标情况图

在 2015—2016 赛季,灯光达标和接近达标的场馆共有 15 个,占 28 个本赛季实地测试 CBA 场馆的 54%,比上赛季提高了 19 个百分点,但部分场馆依然不符合高清电视转播的灯光标准,有待解决。主要问题是垂直照度不足、照度均匀度不足、反光现象严重,个别场馆灯光的入射角度不合适就会造成地板反光,严重影响电视观看效果,如天津葛沽体育馆是 CBA 场馆中地板反光最严重的。

4.6.1.2　拍摄机位的多少和拍摄机位高度、角度的因素

目前,CBA 常规赛的拍摄机位是 8 个,季后赛是 10 个,总决赛能达到 12 个。据相关资料显示,NBA 在常规赛机位是 13 个,季后赛和总决赛的机位可以多达 30 个,他们几乎能拍摄到一场比赛所有球

员、教练和裁判员的动作、表情和情绪,对明星球员还有专门的机位追踪拍摄,同时他们也十分注意与现场球迷的互动,重视现场声音的收集,为了有效地收集现场声音,他们还会在征得球员同意的前提下,在球员身上安装无线话筒,在暂停期间把摄像机插入到球队席中,使观众更好地了解在暂停期间教练员的技战术安排,更好地理解教练员的工作职责,满足大部分球迷观众的好奇心,这些都需要拍摄机位的充足供给才能完成。某电视台的导播说过:"NBA 的电视转播可以说是烧钱的,是财大气粗的。"而由于 CBA 联赛的拍摄机位没有那么多,就常拍摄到球员背面、侧面,甚至还有些赛场信息没有拍摄到,造成画面构图不美、赛场信息丢失和画面内容不丰富的现状,很多场次的比赛因为地方电视台制作的画面质量无法达到 CCTV－5 的要求,导致无法在 CCTV－5 正常播出,严重地影响到 CBA 联赛的转播覆盖率和联赛自身的推广。

此外,当裁判看不清楚出界球、犯规等情况时,中国篮协按照国际篮联的规则容许裁判员借用录像回放系统,这是规则许可范围之内的事情。在 2015—2016 赛季,广东队与辽宁队半决赛比赛时间还剩余 3.6 秒时,裁判员因为一个不确定的关键界外球,进行了一次长达近 5 分钟的录像回放,电视观众在电视上看到的回放有三个机位:一是前场底线机位,辽宁队球员韩德君的腿挡住了球飞行路线的一部分,无法看清楚碰到或没碰到;二是后场底线机位,因为太远,无法证实是否碰到;三是队员席位机位,镜头里人太多。机位不够直接导致裁判在观看回放录像过程中,仍然看不清楚哪位球员把球碰出了底线。而 NBA 的中近景机位有 6 个以上,他们的俯拍角度在协助判断时常常起决定作用。目前,除了北京五棵松篮球馆、东莞新世纪篮球馆等之外,CBA 联赛的很多体育场馆并非专业的篮球比赛场馆,在架设转播机位时,机位的高度和角度很多没有达到转播职业篮球比赛的要求,只能根据体育场馆的实际情况,尽量满足电视转播的需要去架设摄像机机位。在通常情况下,主摄像机机位要遵从"轴对齐"原则,最小高度在 6.5 米,距中场的最小距离是 20.5 米。

4.6.1.3 软件因素

一、CBA 联赛电视转播人员的岗位缺失、从业人员能力欠缺

一场篮球比赛的转播需要各岗位的相互配合,每个岗位各司其职,完成相应的任务,任一岗位的缺失,都会给其他岗位增加工作负担。现阶段,CBA 联赛各电视转播机构的岗位缺失情况不同,但主要集中在字幕导演、制片人和慢动作导演这三个岗位方面;此外,如前文所述,CBA 电视转播的绝大部分从业人员是通过转播 CBA 慢慢了解篮球项目的,可以说是"摸着石头过河",对篮球运动不够熟悉,更谈不上对篮球运动项目的热爱了,他们在转播 CBA 联赛中的态度和能力是直接影响 CBA 联赛电视转播质量的一个很重要的因素。

二、缺乏相应的监督管理体系

目前,CBA 联赛的电视转播缺乏强有力的监督管理体系,作为具有商务推广权的盈方(中国)公司为了保证 CBA 联赛电视制作的

质量,委托鸿瑞新枫(北京)体育发展有限公司规划和协调管理 CBA 联赛电视公用信号的制作。就笔者从实践经历来看,这种约束力较小,基本没有必须执行的规章制度,只能通过电视媒体圈的"老朋友"关系,希望各地方电视转播台积极配合,但这种监管的约束力毕竟很小,各电视转播台的想法无法统一,造成各电视台转播质量参差不齐,这种监管体系的缺乏也是影响 CBA 联赛电视转播质量的一个重要因素。

4.6.2 提高 CBA 电视转播质量的对策

4.6.2.1 提高 CBA 电视转播权经营的对策

一、转变观念,立法保护"电视转播权",提高对"电视转播权"的再认识

《国务院关于加快发展体育产业促进体育消费的若干意见》的颁布,标志着中国体育产业进入了一个崭新的发展阶段。电视转播权的销售是职业体育联赛组织比赛、推广联赛、把联赛做大做强不可或缺的一部分,一方面,国家组织相关人员抓紧有关"体育比赛电视转播权"的立法研究工作,按照国际惯例结合我国国情,坚持市场导向办事的原则;另一方面,积极培育体育比赛电视转播的市场,体育比赛主管部门与广电机构合作,先借助广电机构的媒体平台推广 CBA 比赛,建立自己的球迷群,得到赞助商和广告商的青睐,再利用联赛自身的影响力,将电视转播权销售给各电视台,试着打破央视对体育

比赛的垄断局面,形成竞争局势,构成自由竞争的市场秩序。

二、深化体育体制改革

现阶段,CBA 还是属于篮协的,在商务推广方面,由盈方(中国)公司统一运营,电视转播权属于其中一部分,各俱乐部投资人基本没有出售电视转播权的相关权利。在开发电视转播权这一无形资产时,我们首先要明确"电视转播权"的各种经济关系,明确产权的归属及利益主体。电视转播有自己的规律可循,是由很多因素决定的,要仔细研究篮球运动项目电视转播的规律和因素,调动各方面的积极性,篮协、俱乐部投资人、中介机构多方面协调、配合,才能最大限度地开发"电视转播权"这一无形资产。

三、打造精品篮球赛事,加强服务媒体、服务观众、服务赞助商的意识

CBA 联赛的赛事组织者要加强服务意识,提高服务水平,国外许多体育比赛为了满足电视转播的需要,不惜改变比赛规则和赛程。NBA 增加的广告暂停时间就是为了在比赛电视转播中多次播放广告,以满足广告商的需求;澳大利亚板球比赛的总决赛要求两队必须打满一定的场次才能决出胜负,是为了根据电视的需要,吸引观众和赞助商。由于职业体育联盟的一切盈利点都与观众息息相关,因此 CBA 联赛一方面要从现场观众的购物需要、电视观众观赏比赛的需要出发为观众提供各种良好的服务;另一方面,要为电视转播持权商提供清晰的信号,满足记者采访的需要,同时做好电视转播过程中的监测工作,充分维护电视转播持权商的利益。

4.6.2.2 推动 CBA 电视转播制播分离改革的相关对策

一、完善政策法规,明确改革方针

上文已经提到,我国制播分离的改革自上而下施行,国家的政策、法规甚至一次座谈会都会成为改革的风向标,某一时期国家的肯定鼓励政策能够推动很多民营电视制作机构的诞生,随后在抑制阶段又会使这些机构失去存活的空间,目前国家政策的不确定性使得更多的改革者、投资者处于观望状态,不敢盲目试水。

为了加快改革的步伐,有关部门应出台明确的、强有力的扶持政策,对民营电视制作机构与播出方的相关职责、经济利益等做出明确的规定,切实保护好双方的利益,力争双方以平等的主体地位进行交易。此外,制播分离以后,播出机构和台内的制作部门明显占据主导地位,民营电视制作机构仍然处于弱势地位,需要颁布一定的政策给予支持。

二、引入竞争机制促进改革

推进制播分离改革,要发挥市场的作用,让民营电视制作机构以较为平等的市场主体身份加入竞争的行列,学习国外成功的电视节目制作经验,使电视台在面临压力的情况下,不得不提速制播分离的改革,让改革更加快速有效。

三、打破原有篮球电视节目制作的局限,加强创新能力

节目质量的提高可以说是改革的关键,观众爱不爱看篮球电视节目,电视节目制作的质量如何,创新是关键。山西电视台播出的《我为篮球狂》开办了五年,据台内人员透露,目前新颖的题材成为栏目生存下去的关键。随着制播分离的到来,台内制作部门可以跟民

营电视机构以委托、联合等方式合作,可减少节目制作的成本,另外在创新方面,民营电视机构更为灵活,播出机构可以用较少的经费购得较高质量的节目,何乐而不为呢?

在赛事制作方面,引入专业的制作团队是提高篮球电视转播质量的核心要素。2015—2016 赛季,浙江金牛队的电视转播首次由民营电视机构制作,而 CBA 其他各支球队的赛事都由各地方电视台制作。民营电视机构的优点是制作成本低、制作能力强、专业性强、懂球懂制作、整体效率高,体制内电视台在资源整合方面更具有优势,两者相互合作能产生更好的效果。因此,一定要引入民营电视机构参与赛事制作,加强电视节目的交易流通,打破现有的制作局限,提高创新能力。

四、借鉴国外成功的制播分离经验

前文介绍了英国、美国和韩国成功的制播分离模式,相比目前我国制播分离的现状,我们要积极吸取国外制播分离改革中的经验,根据我国国情,最大限度地将我国的优势发挥出来。美国的辛迪加超级节目市场以资源共享、利益共均为原则,在拥有节目后,对节目进行包装再销售,还有英国的委托制都是值得我们学习的。此外国外在改革中遇到的问题我们也要尽量避免,多吸收其他国家先进的理念和技术为我们所用。

4.6.2.3　完善体育场馆的基础建设

CBA 需要更多的专业篮球场馆,场馆在建设时就需要考虑拍摄机位的数量、位置,匹配相应的灯光照明系统,同时要考虑现场转播评论员、解说员的位置等因素,只有建设专业的篮球场馆,才能从根本上解决机位缺失、灯光照明等问题,才有可能在目前 CBA 电视转播八机位的基础上,架设更多的机位。可以说专业篮球场馆的建设是提高电视质量的前提,只有完善体育场馆的基础建设,才能为电视观众提供高质量的公用信号,提供清晰的画面及完整的慢动作回放,才能为荧屏前的电视观众呈现一场完整、详细、具有美感的篮球比赛。

4.6.2.4 提高从业人员的综合素质水平

一、加强从业人员对 CBA 电视转播的重视

如果说现阶段 CBA 联赛是半职业联赛或者说是向职业化发展的一个必经阶段,那么在电视转播方面,CBA 联赛才刚刚起步。大部分从业人员是来自各地电视台的工作人员,还没有意识到电视转播对职业篮球联赛的意义,还不知道电视转播权的收入要占到整个联赛收入一半以上;受到多方面因素的影响,一部分电视转播的从业人员在转播 CBA 联赛时,有一种"匆匆了事"的感觉。我们务必要使相关从业人员重视 CBA 联赛的电视转播,引入竞争机制,提高对 CBA 联赛电视转播的重视程度。

二、提高从业人员的收入,增强其业务水平

提高待遇可有效地刺激从业人员的工作积极性,同时,对转播 CBA 联赛从业人员的岗前培训是非常重要的,不仅要充分发挥他们已有的电视转播经验,而且要加大力度培养他们对篮球运动项目的

了解,理解篮球技战术、规则等相关知识,培养他们对篮球项目的热爱。只有这样,CBA 联赛电视转播画面中出现的内容才能更加符合电视观众的观看心理,画面虚化、字画不对位等现象才能根治,只有增强从业人员的业务水平,职业篮球联赛电视转播的理念才能在电视转播中得到充分体现。

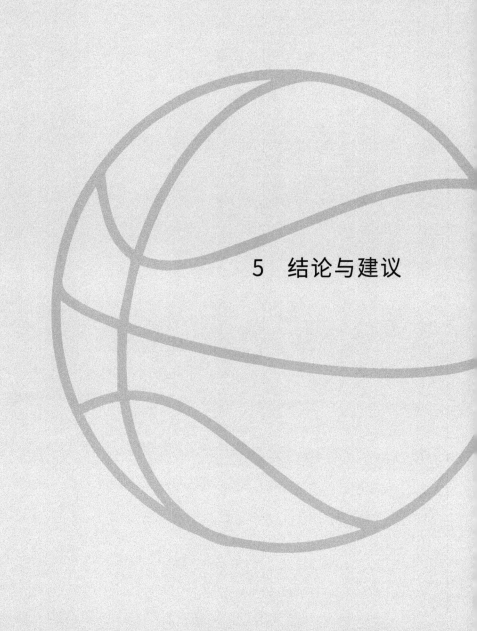

5 结论与建议

5.1 结　　论

在篮球电视转播领域,控制论和信息论是上层研究理论基础;符号学理论、"把关人"理论和议程设置理论是实际操作的理论基础,贯穿 CBA 联赛电视转播始终,为提高 CBA 联赛电视转播质量提供了保障。在 CBA 联赛职业化进程中,电视转播没有受到应有的重视,当前 CBA 联赛电视转播水平较低,CBA 联赛的职业化进程相对迟缓。

在宏观层面,现行中国广播电视管理体制的行政化倾向与高度垄断性质,是制约 CBA 联赛电视转播权出售和电视转播质量提高的一个重要因素;制播分离作为未来的趋势,在 CBA 联赛的电视转播中尚处于初级阶段;此外,缺乏有针对性的法律,严重地影响了 CBA 联赛电视转播权的营销、电视画面的制作及篮球电视节目的制作。

"公平、平等、无偏见"和"运动、激情与美感"是当前国际篮球转播的两大公认理念,"内容的故事性、戏剧性与创造性"是创新理念。"明星球员的热点追踪""用实时数据和慢动作回放与集锦形式来叙述、解读比赛"作为两种创新手段,提高了转播效果。电视公用信号以高清格式根据需要分配给各转播机构相应的场次是 CBA 电视转播的流程;配备 8—10 机位,完善对应的人员分工,配备导演组是制作标准;岗位缺失、专业知识缺乏、缺少对篮球规律的理解是 CBA 联赛电视转播各岗位人员的现状。

符号学电视转播的分类主要包括画面、声音和字幕三个方面。

通过对比赛画面内容中七个要素的研究得知,与 NBA 相比,CBA 各景别使用频数整体上较少,时而出现景别时长过长或过短的现象,尤其对球员近景和特写的景别使用次数和科学控制时间范围做得不太好,缺少对明星球员的重点关注。从议程设置角度来看,在篮球比赛的各阶段,第一议题是比赛的比分、球员尤其明星球员的状态及场上出现的意想不到的事情;第二议题是裁判员和双方教练员临场指挥情况;第三议题是对球迷和其他场外事件的关注。

在解说员和评论员方面,CBA 联赛形成了述评结合,述中有评,评中有述,述评比例相当的解说方式;NBA 联赛形成了解说和评论分工明确,解说员采用"球员+事件过程+事件结果"的模式,评论员主要解读、分析比赛过程的解说方式,但在背景知识介绍、专业知识及语言丰富方面,CBA 联赛的解说水平整体上不如 NBA 强。字幕方面,CBA 联赛电视转播的字幕主要存在电视字幕数量偏少、字画不对位及无关字幕较多、字幕在电视荧屏上的停留时间过短或过长等问题。

5.2   建　　议

搭建 CBA 电视转播理论平台,进一步完善理论体系,通过理论指导实践,促进 CBA 电视转播协调、健康、快速发展。注重电视转播质量,关注电视转播的作用和价值,让 CBA 电视转播能够深入人心,才能取得长久发展。

　　取消中国广播电视管理体制的行政化倾向与高度垄断性质,实现 CBA 联赛电视转播的市场化,合理地分配 CBA 电视转播权,以提高电视转播质量为前提。要顺应制播分离的发展趋势,加强专门的法律对 CBA 联赛电视转播权的保护。

　　提倡"内容的故事性、戏剧性与创造性"这一创新理念,丰富实施手段,在 CBA 电视转播的实践运用中,逐渐发挥巨大作用。进一步细化 CBA 电视转播的流程,配备相应的标准,保障 CBA 电视转播的高质量运行。

　　借鉴国外广播电视管理体制的优点,结合我国国情,完善法规政策,大力推动体育制播分离改革,适当引入竞争机制,加强创新能力,力求把 CBA 联赛的电视转播做活、做精。

　　提高从业人员的综合素质水平,加强培训他们对篮球运动项目的理解,从职业篮球电视转播的角度出发,深刻理解职业篮球联赛电视转播的理念、内容和形式,精细加工电视画面制作的细节,用一种"讲故事、拍电影"的手法转播一场或一系列职业篮球联赛,为荧屏前的电视观众送上精彩的视觉大餐。

附录　本书统计的比赛场次

1. 为对比 CBA 和 NBA 联赛电视转播比赛画面内容统计的 36 场比赛的场次：

2014—2015 赛季 CBA 联赛总决赛 6 场比赛

（辽宁 VS 北京、辽宁 VS 北京、北京 VS 辽宁、北京 VS 辽宁、北京 VS 辽宁、辽宁 VS 北京）

2014—2015 赛季 CBA 联赛季后赛和常规赛共 12 场比赛

（常规赛 8 场比赛：青岛 VS 辽宁、上海 VS 天津、佛山 VS 北京、重庆 VS 新疆、东莞 VS 广东、八一 VS 北京、新疆 VS 重庆、江苏 VS 新疆）

（季后赛 4 场比赛：浙江广厦 VS 辽宁、吉林 VS 北京、广东 VS 东莞、山西 VS 青岛）

2014—2015 赛季 NBA 联赛总决赛 6 场比赛（勇士 VS 骑士、勇士 VS 骑士、骑士 VS 勇士、骑士 VS 勇士、勇士 VS 骑士、骑士 VS 勇士）

2014—2015 赛季 NBA 联赛季后赛和常规赛共 12 场比赛

（常规赛 8 场比赛：湖人 VS 快船、开拓者 VS 湖人、热火 VS 老鹰、森林狼 VS 鹈鹕、掘金 VS 开拓者、活塞 VS 公牛、步行者 VS 快船、魔术 VS 76 人）

（季后赛4场比赛：快船 VS 马刺、骑士 VS 公牛、老鹰 VS 骑士、火箭 VS 小牛）

2. 为对比CCTV-5和ESPN解说统计的CBA和NBA联赛总决赛共4场：

2014—2015赛季CBA联赛总决赛2场（辽宁 VS 北京）

2014—2015赛季NBA联赛总决赛2场（勇士 VS 骑士）

参考文献

［1］巴尔特.符号学原理［M］.北京：中国人民大学出版社,2008.

［2］程志明,任金州.跃升与质变——体育赛事电视公用信号制作专论［M］.北京：北京师范大学出版社,2011.

［3］陈思善.电视节目制作基础［M］.上海：复旦大学出版社,2003.

［4］董杰,刘新立.奥林匹克营销：理论、实践与反思［M］.北京：经济科学出版社,2015.

［5］弗兰基·哈顿.文化史和符号学［M］.北京：北京大学出版社,2015.

［6］郭庆光.传播学教程［M］.北京：中国人民大学出版社,2011.

［7］汉肯著,黎鸣译.控制论与社会——关于社会系统的分析［M］.北京：商务印书馆,2005.

［8］胡易容.传媒符号学：后麦克卢汉的理论转向［M］.苏州：苏州大学出版社,2012.

［9］焦道利.电视摄像与画面编辑［M］.北京：国防工业出版社,2010.

［10］金瑞德.奥林匹克运动百科全书［M］.北京：中央民族大学出版社,1999.

［11］李亦农,李梅.信息论基础教程［M］.北京：北京邮电大学出版社,2009.

［12］李元伟.篮坛风云路［M］.北京：中国书店,2010.

［13］陆晔,赵民.当代广播电视概论［M］.上海：复旦大学出版社,2010.

［14］马国力.马上开讲：亲历中国体育电视 30 年［M］.北京：中国传媒大学出版社,2012.

［15］麦克卢汉.理解媒介：人的延伸［M］.北京：译林出版社,2011.

［16］皮尔斯.皮尔斯文选［M］.北京：社科文献出版社,2000.

［17］任光耀.体育传播学［M］.北京：高等教育出版社,2004.

［18］任金州.体育赛事电视公用信号制作标准指南［M］.北京：中国传媒大

学出版社,2009.

[19] 赛佛尔,坦卡德等.传播理论：起源、方法与运用[M].北京：中国传媒大学出版社,2006.

[20] 沈三山.解说立场的语言体现[M].北京：科学出版社,2010.

[21] 时宇石.电视传播学[M].北京：北京师范大学出版社,2013.

[22] 宋海燕.中国版权新问题[M].北京：商务印书馆,2011.

[23] 苏群.NBA宝典[M].珠海：珠海出版社,1997.

[24] 童兵.理论新闻传播学导论[M].北京：中国人民大学出版社,2011.

[25] 王大中,杜志红,陈鹏.体育传播：运动、媒介与社会[M].北京：中国传媒大学出版社,2006.

[26] 王江火.统一信息论[M].北京：中国政法大学出版社,2012.

[27] 王群,徐力.电视体育解说[M].北京：中国传媒大学出版社,2007.

[28] 王晓红.电视画面编辑[M].北京：中国传媒大学出版社,2004.

[29] 魏伟.国际广播电视体育史[M].北京：中国广播电视出版社,2012.

[30] 徐炯宗.电视现场实况转播[M].北京：中国广播电视出版社,2012.

[31] 杨斌,任金州.体育赛事电视公用信号制作标准指南[M].北京：中国传媒大学出版社,2007.

[32] 余志鸿.传播符号学[M].上海：上海交通大学出版社,2007.

[33] 张晓锋.解构电视：电视传播学新论[M].北京：中国广播电视出版社,2010.

[34] 赵玉明,王福顺.广播电视辞典[M].北京：中国传媒大学出版社,1999.

[35] 周翔.传播学内容分析研究与应用[M].重庆：重庆大学出版社,2014.

[36] 周小普.广播电视概论[M].北京：中国人民大学出版社,2012.

[37] 邹举.电视内容产业的版权战略[M].北京：社会科学文献出版社,2015.

[38] 陈国强.国外体育赛事电视转播带给我们的理念[J].中国广播电视学刊,2005,09：13.

[39] 邓耀凯.新媒体下我国体育电视节目的出路[J].当代电视,2015,11：44－45.

[40] 董青.电视与体育：谁主体坛沉浮[J].体育世界,2015,01：34.

[41] 窦忠霞.CBA 联赛产权的结构研究[J].成都体育学院学报,2007,06：
     25‒27.

[42] 高宇.实时数据对于体育赛事公共信号制作的重要性分析[J].科技传
     播,2015,15：33.

[43] 郭艳民,王雪梅.论奥运会竞技体操电视公用信号"6+1"制作模式[J].
     媒介经营与管理,2013,07：95‒99.

[44] 何志芳.慢动作在体育比赛转播中的运用[J].中国传媒科技,2014,
     04：64.

[45] 金浩,张丽红.体育新媒体与传统媒体的融合问题[J].新闻爱好者,
     2011,24：52‒53.

[46] 李金宝.体育赛事转播权法律性质认定的困境[J].电视研究,2015,
     10：28.

[47] 李岚.新形势下深化制播分离改革的几点思考[J].中国广播电视学刊,
     2016,03：71‒73.

[48] 李清玲.NBA 电视转播权销售的研究[J].武汉体育学院学报,2006,05：
     29‒32.

[49] 李元伟.打造篮球文化 构建和谐篮球[J].体育文化导刊,2006,01：
     3‒4.

[50] 凌铠.试论大型体育赛事电视公用信号制作的要素[J].新闻世界,2009,
     10：105‒106.

[51] 柳刚.论大型活动电视直播节目的蒙太奇镜头语言塑造[J].电视研究,
     2015,05：26‒28.

[52] 穆丹,李显国,黄义.奥运百年媒介的运作[J].体育文化导刊,2013,03：
     149‒152.

[53] 欧世伟.篮球竞赛电视解说研究探讨[J].新闻战线,2015,03：123‒124.

[54] 乔丽.体育电视转播慢动作制作探析——以广州亚运会女子排球比赛
     转播为例[J].东南传播,2011,02：120‒122.

[55] 邵培仁.景观：媒介对世界的描述与解释[J].当代传播,2010,04：4 - 7+12.

[56] 孙庆海.我国职业篮球赛事电视转播权的开发现状与对策研究[J].南京体育学院学报(社会科学版),2005,05：60 - 62.

[57] 王栋,周伟,刘刚,许国华.篮球比赛现场直播技术的进步——记 2002 年第 14 届世界女篮锦标赛转播[J].广播与电视技术,2004,06：57 - 60.

[58] 王家宏,魏磊.CBA 联赛电视转播经营问题研究[J].成都体育学院学报,2009,02：15 - 18.

[59] 王建国.NBA 制衡机制研究[J].体育科学,2006,09：86 - 95.

[60] 王平远.大型体育赛事电视转播权有效开发探讨——基于福利经济学和博弈论的视角[J].体育科学,2010,10：23 - 29.

[61] 王义平,王晓东.NBA 商业模式与经营状况研究[J].体育与科学,2013,03：93 - 96+92.

[62] 魏伟.重访电视与体育的"天作之合"：从布尔迪厄说起[J].成都体育学院学报,2014,2：5.

[63] 魏伟.20 世纪 60 年代国际电视体育发展研究[J].体育文化导刊,2013,11：145 - 148.

[64] 向会英,谭小勇,姜熙.反垄断法视野下职业体育电视转播权的营销[J].天津体育学院学报,2011,01：62 - 67.

[65] 杨伟光.中国电视转播史上的壮举——谈谈亚运会的电视报道[J].新闻战线,1990,08：4.

[66] 尹鸿."分离"或是"分制"？对广电制播分离改革的思考[J].中国传媒大学学报,2010,4：7.

[67] 曾静平,王守恒.论电视媒介与商业体育的互动关系[J].首都体育学院学报,2009,05：5.

[68] 张春华.美国广播电视体制的反思与中国启示——基于公共利益与体制变迁的视角[J].中州学刊,2011,05：247 - 252.

[69] 周铭铭,丁茜,申颜莉.浅谈在体育比赛公用信号制作过程中如何更好

传播"人文奥运"[J].体育科技文献通报,2006,06：32－34.

[70] 陈贺.新浪网 NBA 频道篮球赛事传播发展研究[D].沈阳体育学院,
2013.

[71] 陈琪.制播分离困局及发展趋势研究[D].华南理工大学,2014.

[72] 范昭玉.中国电视体育联播平台(CSPN)的现状与发展策略研究[D].上
海体育学院,2010.

[73] 方群杰.北京电视台奥运栏目的内容分析[D].北京体育大学,2009.

[74] 侯觉明.中国足球超级联赛电视转播现状研究[D].首都体育学
院,2011.

[75] 贾缠周.中国男子职业篮球联赛(CBA)电视转播现状的研究[D].首都
体育学院,2010.

[76] 蒋潮.从制播分离的角度分析《中国好声音》制作模式和宣传策略[D].
山东师范大学,2014.

[77] 孙晓辉.中央电视台体育转播简史[D].山东大学,2013.

[78] 李琳.新一轮制播分离改革进行时：逻辑、困境和出路[D].复旦大
学,2011.

[79] 孟威.体育赛事的公用信号制作理念和标准研究[D].北京体育大学,
2013.

[80] 石娜.中国体育电视格局的现状分析[D].北京体育大学,2008.

[81] 宛春宁.CBA 联赛电视媒体营销的研究[D].北京体育大学,2008.

[82] 汪超.CBA 国际化发展策略研究[D].首都体育学院,2012.

[83] 王娟.美国超级碗比赛电视转播内容解析[D].北京体育大学,2013.

[84] 王庆.五星体育频道的节目现状及发展策略研究[D].上海体育学院,
2010.

[85] 许璐.电视字幕问题研究[D].中国社会科学院研究生院,2013.

[86] 邓飞.为什么国内的职业联赛不赚钱[N].中国经济导报,2012,06：
30B06.

[87] 洪建平.从电视转播权之争看中国体育电视市场格局和趋势[A].中国

传媒大学广播电视研究中心、美国宾夕法尼亚大学安南堡传播学院.奥林匹克的传播学研究[C].中国传媒大学广播电视研究中心、美国宾夕法尼亚大学安南堡传播学院,2006.

[88] Jennings Bryant.*Sport And Media In The US*[M].Billboard Books,2013.

[89] John Hollinger. *Pro Basketball Forecast 2004 – 05*[M].Brassy Sports, 2003.

[90] Allison Romano.Cameras on the court[J].*Technology*,2010,8: 15.

[91] Baysinger.You will never miss that game again[J].*EN*,2012,7: 21 – 24.

[92] Jan Chovanec. It is quite simple, shifting forms of expertise in TV documentaries[J].*Discourse*,2014,4: 34.

[93] Tim Baysinger.NBA TV Partners Are Ready For More Net Gains[J]. *Programming Strategy*,2013,7: 15 – 17.

[94] Umstead. Seeing the whole field at university[J].*Proquest Journal*,2011, 12: 31 – 32.

后　记

　　我打小就是不折不扣的篮球迷，最爱看的、看得最多的就是篮球比赛。虽然长大后有多次机会去到现场观看篮球比赛，但我关于篮球印象最深的场景，却是改革开放后刚流行起来的黑白电视机、韩乔生带着电流的解说和能把房顶掀翻的喊叫声。那时电视机只是部分人家才有的稀罕品，所以谁能够看上一场篮球比赛，往往会从球衣样式到篮球战术都跟同学分享一遍。

　　2013—2016年期间，我有机会随着CBA联赛的电视转播公司转战大江南北。球赛现场的气氛振奋人心，而我在这紧张的氛围中，却要想着把控好电视画面的顺序，监督起比赛字幕和慢动作回放。在这"冰与火"之间，我不断思考和研究如何将激烈、快速的比赛传递给那些没能有机会来到现场的观众，让他们也可以有身临其境的篮球赛事观看体验。

　　在研究的过程中，我发现国内对于篮球比赛电视转播的生存背景、制作水平和转播费用方面的研究不少，以往的书籍、论文很多内容显得陈旧，新近的书籍和文章则各有侧重点，比较分散，一些新颖的转播观点尚未反映在研究中。这促使我不断总结自己在CBA联赛工作期间的一些经验，并借鉴了国内外同行优秀的研究成果，希望能够写一本内容新颖并具有理论意义和可操作性的篮球电视转播方面的专著,给篮球电视转播人员和高校学生参考。但因能力有限,成书于此,殷切希望读者批评指正。

在我的研究和写作过程中,我要特别感谢恩师李元伟先生,先生渊博的知识、宽广的胸怀、高尚的师德我深深敬仰。入学时积极地引导、选题时耐心地指教、修改时精细地琢磨、答辩时亲切地鼓励,可以说这本书得以面世,自始至终都灌注着先生的心血,先生的行为让我明白"用心做事、用情做人"的精神力量。同时也要感谢北京体育大学篮球教研室和体育新闻教研室的老师及师门同仁的悉心指导和帮助,感谢 CBA 电视转播公司全体员工和各地电视台工作人员在我调研时给我的无私帮助与全力支持。我还要特别感谢我的父母和妻子在背后默默的奉献、支持和等待,使我得以集中精力潜心研究,在此向你们表达深深的感谢。